重口味心理學

我們內心的小怪獸

姚堯 著

目錄

第一章
瘋癲的天才

「雙相情感障礙」（躁鬱症）中隱藏的
天才與瘋子之間的秘密

有一句很知名的話，「天才在左，瘋子在右」。

早在 2000 多年前，哲學家亞里士多德就說過：「凡是偉大的天才都帶有瘋狂的特徵。」而在現實生活中，也確實有很多著名的藝術家，患有嚴重的精神疾病，例如患有精神分裂，畫出「斑點密集」作品的日本畫家草間彌生；「性格偏執，用明亮的色彩復仇」的文森‧梵高；「從小就癲狂，把夢境轉化為畫作」的達利等。

那麼天才與瘋子之間是否真的存在某種聯繫？它們又是怎樣聯繫的？

這裏，我要為大家介紹一種不為很多人熟知的心理疾病，叫作雙相情感障礙。我們以這個病為例，來說明天才與瘋子之間的秘密關係。

我們要討論的問題包括——

甚麼是雙相情感障礙？
雙相情感障礙中的躁狂發作是怎樣的？
天才與瘋子之間是否真的存在某種聯繫？
它們又是怎樣聯繫的？

躁鬱的「過山車」

有人認為，雙相情感障礙是抑鬱症的升級版，其實也有幾分道理。**雙相情感障礙又稱躁鬱症，顧名思義，是時而抑鬱，時而躁狂。**相較於抑鬱症的單一狀態，它還多了一層躁狂的折磨，所以這個病，要比抑鬱症「刺激」得多。

患上雙相情感障礙的人，一會兒感到自己處於世界之巔，精力過人，一會兒卻感到墮入黑暗深淵，孤僻、抑鬱並且想自殺。躁狂和抑鬱交替進行，就像坐上永不停止的過山車，從興奮的巔峰跌入絕望的谷底，心境跌宕起伏，驚心動魄，充滿了戲劇性。

「飛向無垠的穹蒼」

有一句話是這麼形容躁狂發作時的感受的，叫作「飛向無垠的穹蒼」。這句話形容得非常到位，真的，當躁狂發作時，你恐怕這輩子都沒有如此感覺良好過，你感覺自己正矗立在宇宙之巔，擁有全世界至高無上的權力和最大的榮光。你甚至覺得此刻你與光同塵，你是萬物之主，應該普度眾生！所以，很多躁狂發作者會在這個時候捐出自己的全部積蓄，或者滿大街撒錢。

除了這種巔峰體驗外，**躁狂發作時，患者的睡眠時間會大幅減少**。此時，他們幾乎不需要休息。舉例説，即使三天總共只睡了 4 個小時，仍然感覺精神奕奕，好像有着無窮無盡的旺盛精力，甚至可以在工作到深夜 2 點以後，還要到樓下跑幾個小時。

如果這個時候，你與雙相情感障礙患者交談，一定會感到毛骨悚然！為甚麼這麼説？因為他們根本沒有在「講人話」，或者説，你根本聽不懂他們在表達甚麼。他們語速飛快、咄咄逼人，半個句子還未吐完，又開始擠出下一個表達，最後，整場談話都變成無意義的斷句和混亂的詞。而這些，雙相情感障礙患者自己是全然不知的。他們這個樣子，也是心理疾病中一個很典型的症狀，不只出現在躁鬱症中，更多的也出現在嚴重的精神分裂症中，這個症狀有個好聽的名字，叫作**思維奔逸**。

思維奔逸，又稱為意念飄忽。它會讓患者的思維如脫韁之野馬，流轉之快，以至句子只不過説到一半，就忘記剛開始想要説的是甚麼。各種想法、影像和詞的片段，在頭腦當中不斷徘徊盤旋，相互追逐。五花八門的念頭從思維的縫隙中擠進來，糾纏不清。好像所有神經元都堆積在頭腦的高速路上，你愈想讓思維的速度慢下來，就愈會意識到自己無能為力。而且，這些思維最終的歸宿，會融為一潭沒有任何意義的死水，變成患者一個人的胡言亂語的狂歡。

以上這些還不算是躁狂發作時最恐怖的表現，**躁狂發作時最恐怖的是出現幻覺**。很多人都認為只有精神分裂症才會出現幻覺，殊不知，當躁狂進展到一定程度時，也會出現幻覺。

舉個例子來説，有一天傍晚，一個雙相情感障礙患者站在客廳中，眺望着窗外如血的殘陽。忽然感到一束奇怪的光從她的眼睛裏射出，與此同時，她看到自己的頭腦中閃現出一台巨大的黑色離心分離機。一個穿着及地晚禮服的苗條背影慢慢靠近分離機，手中拿着一大管鮮血。就在這個人慢慢轉身的時候，這個患者驚恐地發現，那個人正是她自己！她的禮服、披肩和白色手套上沾滿了血跡。患

者看着頭腦中的人影，小心地將這一大管血液倒入離心分離機後部的小孔，合上蓋子，然後按下了機器前部的一個按鈕。離心分離機開始運轉。

令人恐懼的是，之前只存在於她頭腦中的影像，現在卻活生生地出現在她的周圍。她害怕得無法動彈。離心分離機旋轉的聲音，玻璃管碰撞金屬的聲音愈來愈大，然後，整台機器忽然破裂成幾千塊碎片。血濺得到處都是，濺在窗戶玻璃上、牆上、油畫上，甚至滲透到地下。這個患者望向窗外，卻發現窗戶上的血液已經與夕陽融為一體，根本無法分辨其中的界限。她開始用盡全力拼命喊叫。機器旋轉得愈來愈快，她已無法從血腥的場景和機器的碰撞聲中掙脫出來……

天才與瘋子間的神秘聯繫

那麼，天才與瘋子之間是否真的存在某種聯繫？

有位心理學家碰上了一件兩難又充滿諷刺意味的事。一個人，被診斷為躁狂症而住進了醫院。這個人口頭表達能力不是很好，不善於交流，但是，他可以通過畫筆，簡單明瞭地把自己的狀況描畫出來。這位心理學家就通過這種畫畫的方式跟他交流。

平日，這位患者畫出來的圖案主要是簡單的方塊、圓圈、叉和鉤。但當他躁狂發作時，隨便就能畫出一個三維立體的盒子，並在裏面畫滿了琳琅滿目的水果。當醫生讓他還用畫方塊和圈來交流時，他全然不顧，受奔騰的想像力的驅使，他會在原有的畫作上盡情舒展、發揮，很快就會在裝着水果的盒子周圍畫上一群貪吃之人的眾生相，然後又在這群人的背後畫出光怪陸離、詭異誇張、莫可名狀的他們出竅的「醜陋靈魂」……

　　無獨有偶，這種情況也出現在另一位躁狂症者身上。這位患者喜歡畫樹，但是在沒有躁狂發作時，他畫的常是小小的、看起來營養不良、弱不禁風的、光禿禿的一棵冬日裏的樹。而進入躁狂狀態後，他整個人都活絡起來，這時他畫的樹不僅粗壯高大，枝葉豐滿，還充滿華麗的裝飾和線條，有細微的藤蔓和捲曲的花紋，還有些不知是甚麼的東西。整棵樹幾乎要被這龐大的、巴洛克式的巨細無遺的畫面給佔去，看不到原來樹的樣子了。

　　這種強烈的藝術表現性，就連不懂藝術的醫護人員也被深深觸動。

　　過了一陣子後，當心理學家再次見到這兩位患者時，他們都相當安靜，因為剛服過藥物。心理學家要其中一個人再畫點甚麼，那位患者就只畫了一個圓圈和叉，他沒有添油加醋，也沒有即興想像，他說：「我再也沒有看到甚麼東西了，以前所見的是那麼真實、那麼生動。是不是我接受治療後，這一切都不再回來了？」

　　這是一件多麼矛盾、殘酷又諷刺的事：我們內在的生命力與想像力，可能一輩子都深藏不露，除非因為某種疾病，才有辦法喚醒它，釋放它！同時也證明了我們這個問題的答案，那就是天才與瘋子之間，真的存在着某種聯繫！

 ## 精神疾病與天才之間「節奏的契合」

　　那麼，瘋子與天才，或者說精神疾病與天才之間又是怎樣聯繫的呢？

　　它們之間的第一個聯繫，我們稱之為「節奏的契合」。

　　雙相情感障礙，這一獨特的週期性疾病節律的變化，與自然界的循環往復和藝術作品中經常出現的「死亡與重生」、「黑暗與光明」的更替，有着驚人的相似！

　　「憂悶始於秋季，到春天『樹木生長的時候』就轉為興奮」。早在 2000 多年前，醫學之父希波克拉底（Hippocrates）就觀察到，**雙相情感障礙多發於春秋兩季**。到了現代，雙相情感障礙的節律模式，從臨床角度看更是如此：情緒晝夜變化，睡眠普遍受干擾，發作具有季節性週期。雙相情感障礙本身就是一種重要的節律！

　　而絕大部分藝術家的藝術創作也遵循這種「節律」特點。

　　這裏我們拿兩個藝術家來舉例。第一個就是著名的印象派畫家文森·梵高。

　　梵高差不多被診斷出所有人類已知的病症，這些病症包括：癲癇、精神分裂症、梅尼埃病等。但是很多人不知道的是，他身上所患的最典型的疾病，其實是雙相情感障礙。

　　有人曾經列舉出，他在 1881-1890 年的十年間，每一年各個月份創作的油畫、水彩畫和素描的總量。結果發現，創作高峰總出現在夏秋兩季，這與抑鬱及躁狂發作的高峰有相當明顯的重疊之處。梵高自己也是一個懂得精神疾病、情緒及藝術創作上的「節奏」的人。

　　「正是在秋季，整個星光照耀的穹蒼和整個大地頻繁地受到雷電震撼，因此，……形成雷電的種種條件才能共同促成。這時，一年中的回潮融合冷與熱，這兩者對在於寒冷中鍛造雷電都是必需的！然後可能就有了對立的碰撞，被火與風煩擾的空氣可能在狂暴的劇變中洶湧……這些就是一年中的緊要關頭。」

　　不管你有沒有看懂，這段話歸結起來的意思是秋季的重要。事實上，許多藝術家都把秋季看作他們最具靈感的季節。比如英國浪漫主義詩人約翰‧克雷爾寫道：「繆斯在那個季節總是頻頻光顧。」有趣的是，有證據表明，很多重大的數學和科學發現，也傾向於出現在春秋季。

　　還有一個藝術家的例子，就是德國作曲家羅伯特‧舒曼。

　　在成年後，舒曼的絕大多數時間都受到間歇性抑鬱和躁狂的折磨。隨着年齡的增大，他性情中憂鬱、沉默的一面愈發凸顯，這也是他在遭受無情的、毀滅性的抑鬱摧殘後蓄積的結果。

　　有人總結了舒曼這一生的藝術創作情況後發現，他的情緒狀態和他的創作，在數量上有明顯的相關：最抑鬱時創作量最少，躁狂時創作量驚人。

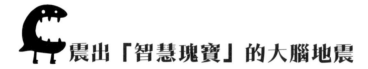

震出「智慧瑰寶」的大腦地震

　　第二個聯繫，我們可以稱之為「大腦地震」。

　　很多雙相情感障礙患者，在接受治療時，會被最新的磁力共振掃描技術所帶來的腦結構圖裏的驚人細節深深吸引，甚至沉醉於高清晰度掃描器帶來的色彩斑斕的畫面中。在正電子發射斷層掃描圖中，抑鬱狀態下的大腦會呈現陰冷凝滯的深藍、暗紫和墨綠色；而同樣的大腦，在躁狂狀態下，則會像聖誕樹一樣閃亮，呈現明亮的紅色、黃色和橙色。科學用色彩無比精準地抓住了兩大特點：**抑鬱期的冰冷死寂和躁狂期的生動亮麗。**

　　每一次躁狂發作，宛若一次「大腦地震」。在這種超自然的「激盪」中，人的心智有時不僅會獲得力量和敏銳，還可以獲得從前從

未展現過的天賦。比如，詩歌、辯論、音樂和繪畫的天賦，以及在各個領域卓越的藝術獨創性，都常常與這種瘋癲狀態有關。這種「大腦地震」，如同自然界中的真實地震一樣，將珍貴而優質的化石拋向地表。如若不是這樣，這些化石將仍然被深埋在地面之下，對於它們的存在，土地所有者全然不知。

那麼「大腦地震」是怎樣把人類的「智慧瑰寶」給震出來的呢？

躁狂發作，尤其是輕症躁狂發作時，人的思考過程會發生兩個很大的改變：思維流暢、敏捷及靈活度會提高；同時，也會對思維品質方面造成影響，也就是說，在大量的思維中會產生獨特的構思和聯想，這個便是我們所說的創造力！

因為有這些改變的發生，有研究者發現，很多病人在輕症躁狂發生時會抑制不住地想寫詩！

比如下面這段極具思維迸發力和洶湧的想像力的文字——

「我的思想像負子蟾（背着孩子的蛤蟆）一樣忙碌，小蟾蜍從背上、兩側和腹部長出來，邊爬邊生長……」

人的直覺意識在大混沌中觸發了閃電，能看到不同知識領域間的聯繫與相似點，可以把自然界中所有的王國都聯繫起來。而這些聯繫是觸手可及、具體實在的。

比如說，翠鳥頸部和翅膀上進化出色彩鮮豔的魚鱗般的羽毛，是由於牠們長時間停在水邊，盯着水面下的獵物——那些游動的魚所造成的。青魚有着雲紋般的背部，是水分子的運動在牠身上的體現。骷髏蛾翅膀上之所以有這樣的圖案，是因為這種蟲子經常進入刑場和墓地，並在屍體上產卵。花和動物互相錯認並交換外形……

以上文字，如果不點明，恐怕很多人也分辨不出，它是一位普通病人說的，還是出自某位藝術家之口。

幾乎所有的作家和藝術家，都經歷過劇烈高效的創造性時期。這些「極具創造性」時期的表現特徵為：激情、精力和自信心增加；心理聯想速度提高；思維流暢；情緒高漲；幸福感強烈……當問到他們這段時期內的睡眠狀況，幾乎所有人都說他們壓根無須睡眠！還有一些藝術家說自己在這段創造性時期「更加焦慮」、「幾近自殺」，感到「恐懼」、「興高采烈和鬱鬱寡歡混雜在一起」，還有「一種近乎絕望的壓迫感」。

以上所有這些藝術家創作高峰期的表現，不就是躁狂發作時的症狀嗎？可以說，這兩者之間，存在很大程度的重合！

天才和瘋子之間的聯繫一直是這樣犬牙交錯，糾纏不清的，究竟天才引發了瘋癲，還是因為瘋癲而變成了天才？這個誰也說不清。

有的時候，**心理疾病就是這樣一種既能夠終結生命，也能夠承載生命的疾病。就像火既有創造力也具有破壞力的本質一樣。**心理疾病也能讓人類在苦痛的烈焰中接受鍛造，淬取出對生命至真至純的愛與領悟！同時，它也從一個獨特的角度告訴我們，「精神病」這種東西，未必是生命不可承受之重。所謂的缺陷和病態，會產生出另一種發展、進化與生命的形態，激發出我們人類個體遠不能預料的創造力和生命力！

第二章
不要跟物體發生性關係

戀物癖

　　在網上或者現實生活中，我們經常可以看到有人説自己有戀物癖，一打聽清楚原來是「我有戀物癖，因為我愛錢！」這個説法，可能很多人只是一笑而過，覺得「戀」和「物」這種組合還挺好玩。但是，在心理醫生眼中，或者是在心理學行業從業人員的眼中，卻不這麼認為，他們會覺得毛骨悚然。

　　關於戀物癖，我們要討論的問題包括——

到底甚麼是戀物癖？
「易服男」又是怎麼一回事？
戀物癖又是甚麼原因導致的？

和「無生命的物體」發生性關係

那麼，到底甚麼是戀物癖？

戀物癖是說，戀物癖患者經常會對無生命的物體，產生強烈的性幻想、性衝動和性行為，並且能夠從中獲得性的滿足。他們是通過一邊愛撫這個物品，摩擦它或聞它，一邊自慰來達到性滿足的。

而這些「無生命的物體」可以是任何東西。衣服、鞋子、食物、生活用品、家用電器……甚至身體的一部分，比如手、腳和頭髮等。可以說，這世上有多少種物體，就有多少種戀物癖。比方說，一男子對着汽車尾氣管自慰，還有用家用吸塵機的……

具體舉例來說。

有一位 32 歲的單身的自由攝影師，他雖然覺得女性本身很吸引人，但是「她們的褲子」更吸引人。他對女性短褲的性迷戀從他 7 歲那年就開始了。當他那時第一次看到一本色情雜誌時，對一張穿着「短褲」的半裸女人的照片感到很刺激。這位自由攝影師的人生第一次射精發生在他 13 歲那年，但不是通過正常的人類性對象，而是通過幻想女人穿着短褲來自慰達到性高潮的。此後，他會穿着他姐姐的短褲來得到性滿足，再然後，他還會從姐姐的朋友那兒，或者其他社交場合認識的朋友那裏偷來短褲，以此得到滿足。

這位攝影師在治療期間表明，從他青少年時期性萌發到現在成年，他最喜歡的達到性高潮的方式，也是唯一能達到性高潮的方式，就是穿着各種偷來的女人短褲自慰。

我們再來看一個案例，這個案例中的戀物癖男子，他迷戀的物件是女性的鞋和腿。但是他不像第一個案例中的患者那樣簡單粗暴用偷的方式，他曾在火車站、圖書館等公共場所因偷拍偷摸女士的大腿而被捕過幾次。這個戀物癖男子最後想出一個方法來解決問題，他租了一間寫字間，謊稱自己是一家針織品公司的代理人員，

登廣告給他們的產品招模特兒。這樣，便借機拍攝了很多女性走路的姿勢和展現腿部優美形態的坐姿。之後，他利用這些影像和照片來獲得性滿足，就不用再四處閒逛徘徊，冒着被打的風險了。

戀物癖這種病，發生在女性的身上很少見，但也不是沒有。下面就來介紹兩位女性戀物癖患者的案例，來看看她們的性幻想世界到底是甚麼樣子的。

有一個戀物癖女患者曾經描述過——

從我 13 歲開始，各種古怪的性的象徵就開始不停地出現，其中以陽具的象徵尤為突出，比如說——

花園中，一根正拿來澆水的喉管；
一段噴射而出的水流；
茄子或其他長條形的蔬菜；
一朵很長但下垂的喇叭花；
一根花中的雄蕊；
一根插在圓形洞中的棍子，或跟棍子相似的東西⋯⋯

這些都能成為性或者性行為的象徵，並在我眼前不斷出現。甚至，牙齒和舌頭也包含着性的意味。我經常會拿舌頭去頂住牙齒，不到舌尖疲憊絕不停下。有時為了壓制性的意識，我連大拇指也不敢伸出來，常常不由自主地藏到拳頭中。因為大拇指也有它特殊的象徵。除此之外，還有很多東西可以當作性的象徵，比如 26 個字母中的幾個。

另外一個女戀物癖患者，是一個 27 歲的智商很高但有些精神變態的戀物癖已婚女子。她的大部分性的象徵都在睡覺時出現，而她總能在睡醒後對此做一番自己的解釋，比如說——

船隻停在港口象徵着性交，人隨着船航行也一樣；

水象徵着母體（這跟懷孕時的羊水有關）；

死亡，在夢中殺死或者傷害別人也相當於和人性交（因為性交本身也意味精子的死亡）；

一把刀，象徵一個陽物；

環節類的蟲子和蛇，代表小型的男性生殖器官；

馬和狗，乃至鴿子，都具有性的象徵意味；

一個火車頭；

一棵樹，或一根香蕉也象徵着陽物。

雨水、眼淚象徵着精液。

這便是女性戀物癖患者的內心世界。

有的人聽到這裏會有一個疑惑：在生活中，有些人喜歡看，或者喜歡撫摸，喜歡聞他們所愛之人的衣服，甚至對之產生性興奮，這些都很常見啊，難道這樣也算是戀物癖嗎？

這是一個好問題，問到了關鍵之處。這裏，**我要強調一個戀物癖很重要的特點，就是排他性！**喜歡看、摸並聞自己愛人的衣物是正常的。但是**對戀物癖患者而言，只有無生命的物品才能讓他們產生性喚醒和達到性滿足。**也就是說，他們在性活動中，寧可選擇無生命的物品作為性對象，而不是人，因為人對他們而言不起作用。

總結一下滿足戀物癖的幾條標準：

1. 物體讓他們產生性興奮、性喚醒。

2. 通過這個物體自慰達到性滿足。

3. 只有通過這個物體才能達到性滿足。

所以，現在再回過頭來看剛開始的那個說法「我有戀物癖，因為我愛錢！」，你會有甚麼感受呢？是不是有點不忍細想？

「易服男」

我們說的「易服男」，指的不是為了娛樂效果而男扮女裝的情況。而是那些在現實生活中，身不由己、控制不住，不得不男扮女裝的「異裝癖」患者。

異裝癖是說，異性戀男子通過把自己打扮成女性來不斷獲得強烈的性幻想、性衝動，達到性滿足的方式。

這裏總結一下這類人的幾個核心要素：

1. 不是為了獲得性快感的「易服男」，不是真的異裝癖。也就是說，真正的異裝癖者，完全是奔着追求自身的性滿足和性快感而去的，而不是僅僅為了玩，或者牟利形式的「胡鬧」。
2. 異裝癖能緩解患者生活中的壓力，所以當異裝癖者處於焦慮狀態時，也是他「異裝行為」頻發的時刻。
3. 絕大多數異裝癖患者都是異性戀，也就是說「易服男」們還是喜歡女人。所以異裝癖並不影響「易服男」們同女性正常結婚，組成家庭，生兒育女。

來看下面這個案例。

65 歲的老 A 是一名保安，年輕時是漁船的船長。

老 A 第一次對收集女性衣物產生興趣是在他 12 歲的時候，他穿上了姐姐的女式燈籠褲，當時就體會到了性興奮。於是他開始經常穿女性的內衣褲，這一行為總會導致他勃起，有時還會自發地射精，收穫無比快樂的性滿足。

但是這並不代表老 A 的性取向有問題，他與男孩在一起時，也非常具有競爭性和攻擊性。而且單身期間，他也一直喜歡女孩。老 A 後來正常地結婚生子了，而且在婚後，依然對穿女裝感興趣，這一點，他的妻子也是默認的。

老 A 從 45 歲之後，徹底放飛自我，踏上了對異裝的深造鑽研之路，他開始愈來愈沉迷於對女性服裝的幻想之中，還經常參加各種異裝癖派對。老 A 覺得，愈是感到生活有壓力時，他就愈有裝扮成女性的強烈衝動，這對他來說有安撫和鎮定的作用。

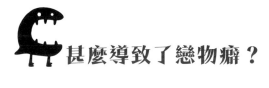

甚麼導致了戀物癖？

導致戀物癖的原因，第一條是「一次偶然的、錯誤的聯結」。

戀物癖多發生在人的童年時期，因為那時人還沒來得及建立正常的人與人之間的性關係，就因為一場偶發的意外被「帶跑偏了」。比如說，一個男孩在某次性高潮的時候，意外觸碰了一個假髮套，從此毛髮就成了男孩的迷戀之物，在他腦中一直揮之不去；一個青年正在地板上躺著，這時走過來一個姿態優美的女性，女人抬起一隻腳不停地踩他，在被踩的過程中，他無意間產生了性慾，從此，這個青年就變成了一個戀足癖。在這兩個例子中，戀物癖患者便是將自己的性高潮與性滿足，與某種物體之間聯結，有點類似於產生了某種條件反射。

而且，為甚麼戀物癖基本都出現在男性身上，是因為男性需要更大的視覺性幻想。也是說，對男性而言，性慾更多的是來源於直接的物理特徵的刺激。而對女性而言，性慾則更依賴於感情刺激，比如與愛人的戀情。所以俗話說得好，男人的性是走腎，而女人的性是走心。

那麼很有可能，在青春期之後，在性慾刺激比較強烈的時期，男人更容易對某種物體產生性慾反應，因為他們本來就更注重視覺刺激，而不太需要與對方發生甚麼情感上的聯繫。

第二條原因是，無處安放的「俄狄浦斯情結」（又稱戀母情結）。

「俄狄浦斯情結」的出處來源於希臘神話，俄狄浦斯是希臘神話中的人物，他在不知情的情況下，殺死了自己的父親並娶了自己的母親。所以，在心理學上，「俄狄浦斯情結」用來形容有戀母情結的人，這種人有跟父親作對來競爭母親的傾向，同時又因為道德倫理的壓力，而有自我毀滅以解除痛苦的傾向。

具體對「俄狄浦斯情結」的解釋，按照佛洛德的說法是，一個小男孩，在五六歲的時候，會選擇母親作為自己第一個性慾物件。所以，在小男孩的潛意識裏，會將父親看作敵對的情敵，想殺掉父親，除之而後快。但是，由於父親太過強大，小男孩不僅殺不掉他，反而會因為自己的殺念而產生一種恐懼，這種恐懼便是佛洛德著名的「閹割情結」。小男孩擔心父親把自己當作情敵，對母親造成威脅，而將自己閹割。

「俄狄浦斯情結」中的這些心理衝突，將左右和影響這個小男孩日後性慾和人格的發展。

在正常發展中，正是因為有「恐懼」的存在，使得小男孩轉而放棄了對母親的性慾，成功地將興趣轉向其他女人，發展出正常的性愛模式。**而在病態的發展中，小男孩並沒有克服他與父親的「敵對」狀態，也沒有放棄對母親的性的執念，但是他也不可能對母親做甚麼，於是，他會愛上那些能對他發揮母親功能的人，或者是物體。**

結果是，小男孩長大後，不能愛上同齡的女性，甚至不能愛上任何人，他只希望獲得一種母親才能給他的無條件的愛、保護、讚美和安全感。而這些顯然不是一個正常的異性人類物件能無私地給予他的，只有那些不會說話、不會抱怨、不求回報的物件更合適一些。

第三章
這個世界上的
另一些「你」

罕見的多重人格及治療

多重人格，可以説是史上戲劇性最強，被改編成影視作品最多的一種心理疾病了。

以往我們講多重人格，大多是要以電影，比如説大家比較熟悉的《致命 ID》、《搏擊會》等虛構的形式來舉例。但是今天在這裏，我想用一個已經被公認的真實案例，來揭開多重人格的那些神秘的面紗。

這個真實案例的主人公，名字叫威廉‧斯坦利‧米利根。名字真長，我們可以把他簡稱為比利。熟悉這個名字的人，應該會馬上想起來，他就是多重人格分裂紀實小説《24 個比利》的原型。

比利是美國歷史上，第一位犯下重罪，卻因被確診患有多重人格，而被無罪釋放的兇手。他不是小説中虛構的多重人格患者，而是一個自始至終都存在廣泛爭議的真實人物。他的心理測驗結果，

曾作為報紙和新聞的頭條,廣泛傳播於大街小巷。並且,他還曾經接受四名精神病醫生和一名心理學家的層層測試和考驗。

我們今天就借由他的故事,來解答以下關於多重人格的疑問——

到底甚麼是多重人格?

多重人格的不同身份之間有互動嗎?是怎樣的?

造成多重人格的原因又是甚麼?

怎樣證明你沒有多重人格?

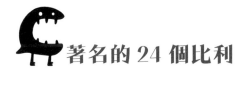

著名的 24 個比利

那我們就從比利的故事開始吧。

在比利 4 歲時,他的親生父親自殺身亡,隨後,母親改嫁,他便有了繼父。

在一份比利的精神病醫生向法院提交的報告中是這樣寫的:「患者(即比利)表示,他受過虐待,他的繼父強迫與他發生性行為。比利說,那是在他八九歲的時候,前後大約持續了一年之久,都是在他和繼父單獨相處時發生的。比利害怕繼父會殺了他,因為繼父曾威脅說,要把他埋進穀倉裏,然後告訴他的母親,說比利離家出走了……」

從那個時候開始,比利就進入了一個混亂的時期,他的靈魂開始分裂成 24 個部分。

接下來,比利的各種分身——「比利們」,就要粉墨登場了,但是在此之前,我要先來解答第一個問題——到底甚麼是多重人格?

如果我說出了答案，恐怕會令很多人感到意外，因為這可能跟你長久以來認為的都不一樣。

多重人格，是說在一個人身上，分裂出很多不同的「人」，通常有十幾個，甚至幾十之多。這些「人」從性別、年齡、筆跡、性取向，到視力程度和母語都大相徑庭。比如，一個成年人變身成為一個兒童，一個男性變身成為一個女性。

這裏，我要說的重點是，我們曾經以為，在不同時間、地點出現在同一個人身上的每個身份，都是一個獨立的、完整的「人格」。比如說，比利的 24 個分裂人格，每一個都是獨立的人格，算是一個獨立的個體。然而，事實並非如此，**每種身份並不是一個完整的人格，只是反映了患者人格整合度的下降。雖然我們可以將多重人格看作「一個肉體，好多個靈魂」，每個靈魂可以代表不同的人，但這些「人」，誰都不能夠獨當一面，也就是說，他們只能行使自己作為某個角色的能力，卻無法統領整個完整的人格。**

接下來，比利的故事便能很好地說明這一點。

首先我們介紹一下比利是甚麼樣子的。他是一名身高約 183 厘米，體重約 224 磅的男性，被捕時 26 歲。

故事還要從他小時候說起——

比利的繼父，不僅性侵比利，還毆打他的媽媽。有一次，比利在客廳裏看見繼父毆打母親，他站在那兒嚇壞了。他想上前阻止，但是擔心繼父會殺掉他，埋在穀倉。他就跑回房間，砰的一聲將房門關上，用背緊緊頂着。雖然用雙手捂住了耳朵，卻仍然聽得見母親的尖聲哭叫。比利的身體慢慢地滑了下去，癱在地板上，他閉上眼睛，這時，比利的一個分身出現了，他的名字叫肖恩。肖恩天生耳聾，所以聽不見任何聲音……也就聽不到母親的哭喊聲。

肖恩的存在，是為了讓比利免受痛苦。

有一天在學校，下課鈴響了，老師説：「請大家交出考卷。」

「考卷？甚麼考卷？」比利不知所措地抬起頭。

「我在課堂上幹甚麼？是怎麼到學校來的？」比利只記得早晨起了床，但不記得自己穿過衣服和上學的事。起床以後發生的事，他一點都不記得了。

他必須編個理由！他隨便翻了下書桌，想説自己忘記把考卷放哪兒了，結果，他簡直無法相信自己的眼睛，上面居然真的放着一張考卷，而且 50 道題全答好了。比利注意到那不是自己的筆跡——雖然有點像。他經常碰到這種事，所以每次都假裝東西是自己的，然而比利非常清楚，以他那麼差勁的數學水準，根本不可能答出這些題。

老師在閱卷過後，當着全班的面，表揚了比利的數學能力。

那麼試卷到底是誰答的呢？比利的另一個分身又浮出水面，他的名字叫亞瑟，是名學霸，眼鏡男，很高傲。亞瑟表示，這題目簡單得簡直不值他一答。

亞瑟的存在，是為了讓比利享受榮耀。

可以説，比利的 24 個人格，像是一支隊伍，每個人承擔着不同的任務。

一個人格來承受他的痛苦。
一個人格來表現他的幸福。
一個人格來為他創造成就。
一個人格來保護他的身體。
還有一個人格來讓他逃避。

所以，這就是多重人格。跟我們想像的不一樣，**每一個分裂出來的人格，都不是完整的，他們只是分工合作。因此，治療多重人**

格時，不是要一個個殺掉分裂出的人格，而是將他們整合在一起。

因為，哪怕是謀殺掉一個人格，也將會導致整體人格的毀滅。

互動繁忙的「比利們」

在一些案例中，不同人格之間是完全不知道彼此的存在的。

但在另外一些案例中，不同人格之間不僅有互動，還會相互影響，甚至會瞞着主人格，一起私底下搞事情。

我們還是來看一下比利的故事——

比利有一個分身，是一個小女孩，名字叫克麗絲汀。克麗絲汀的任務呢，是替比利罰站，因為比利還有很多讓人不省心的分身，比如湯姆很好鬥，愛惹麻煩，有反社會傾向；而傑森呢，情緒激動，愛大喊大叫。克麗絲汀就是當比利因為這些分身受到老師懲罰時，她出來背鍋，默默地接受懲罰。因此她的性格特點就是安靜、柔弱、不愛説話。

有一天早上，在上學途中，克麗絲汀在一棵蘋果樹前停了下來，她想摘一些蘋果送給老師，這樣老師或許就會少讓她罰站。但是蘋果樹太高，她摘不到，就傷心地哭了起來。

這時有一個男性的聲音響起：「小妹妹，怎麼啦？為甚麼哭呀？」

「我摘不到蘋果。」克麗絲汀答道。

一個高大的男人現身了，他説：「別哭了，雷根給你摘。」

這個雷根，就是比利的另一個分身，是個暖男，是比利的守護者，保護比利，幫助他解決很多麻煩。雷根為克麗絲汀摘了很多蘋果，還帶着她去上學。

如果當時有另外一個人在場的話，看到的情景將會是：比利站在樹下，比利在哭，比利自己在摘蘋果。

有一次，比利在學校裏被一群女生圍攻欺負。她們把比利推進廁所裏，脫下了他的褲子，然後一哄而散，就留比利一個人穿着內褲坐在地上。比利哭了起來，一位女老師走進來看了看，然後幫他把褲子拿了回來。

女老師問他：「你又高又壯，還是個男生，怎麼能讓她們這樣做？」

比利說：「我從來不欺負女孩。」

比利走出廁所，不知道自己以後該怎麼正視班上那些女生，他在走廊上徘徊，覺得活着已沒有意義。隨後，他爬上了教學樓的樓頂，在筆記簿上寫好了遺書。放下遺書後，他向後退了幾步，準備衝出樓頂，衝向天空。就在他衝到邊緣時，雷根絆住了他。

「真險啊，就差那麼一小點！」亞瑟小聲地說。還記得嗎？亞瑟就是之前那個幫比利做數學卷的學霸分身。

雷根答道：「該拿他怎麼辦啊？放任他這樣太危險了！對我們每個人而言，他都是危險人物，一旦情緒低落，他就要鬧自殺。」

亞瑟問道：「怎樣制止他呢？」

雷根說：「讓他睡覺！從現在開始我們不能讓比利清醒過來。」

亞瑟說：「誰控制得住他呀？」

雷根說：「你和我呀！我們分攤責任。我去告訴大家，在任何情況下，都絕不能讓他清醒過來。一切順利，比較安全的時候，你來負責管理；如果情況緊急，我就來接手。誰可以醒來，誰不能醒來，我們商量決定。」

以上就是比利體內的分身們的交流和互動情況，看上去還真挺忙的。

 # 你能證明自己沒有多重人格嗎？

多重人格的成因，目前最主流的觀點是：童年時期遭受的創傷。

絕大多數多重人格患者，都在兒童時期有過嚴重的、恐怖的被虐待的經歷。

這個多重人格，就是由於在兒童時期遭受反復長期的慢性虐待時，試圖應對強烈的絕望感和無助感而產生的。因為沒有其他能夠獲救的資源和途徑，孩子們只能逃向一個想像的世界，變成另外一個人，在那裏得以倖存。

這種逃離的過程，與自我催眠的過程還挺像。假如這麼做能減輕被虐待帶來的痛苦，它在兒童的成長過程中，就會不斷被強化。有時，被虐待的兒童，乾脆就把被虐待的事實，想像成是發生在另一個人身上。

比利在童年時，就遭受了繼父的性侵和恐嚇。像他自己說的：「當悲傷太多的時候，一個人已經無法承受，那麼，我就把投注在一個人身上的所有煎熬，分攤到很多個人身上來承受。」

那麼，怎樣證明你沒有多重人格？

有一個很顯著的特點，能夠幫助你判斷自己有沒有多重人格，這個特點就是「記憶的空隙」——**多重人格者通常無法回憶在上一個身份時間段中發生的事情。**

比如說比利，當他從課堂上「還魂」回來的時候，他不記得之前發生了甚麼，自己是怎麼到學校來的？又是怎麼答試卷的？因為在這段時間裏，是學霸亞瑟在替他運行身體，記憶也就自然是屬於亞瑟的了。

隨着年齡的增長，比利必須不斷地編造故事，來解釋大多數他並沒有做過的事。這些事，也許就在幾天、幾小時，甚至幾分鐘前才剛剛發生，他也不記得。大家注意到他經常昏睡，是個怪人。比利後來逐漸了解到自己的與眾不同後，才發現並非每個人都會「遺失記憶」。周圍的人都能指出比利曾經做過甚麼，或者說過甚麼，唯獨他自己不知道。

再舉一個例子，有一個叫瑪麗的中年婦女，她一直以來的困惑就是，記憶似乎總有不連貫的地方，其中一個現象特別令人困惑，就是瑪麗的汽油總是不翼而飛。她明明記得下班回家時油箱是加滿油的，但是第二天早上再上車，就只剩半箱油了。當她查看車的里程表後，才發現車子經常是在晚上多跑出 160 多公里，而她晚上是沒有出過門的。

後來瑪麗接受了心理治療，才發現她患有多重人格，她另有一個分身叫瑪麗蘇。也就是說，每天晚上汽油神秘失蹤，是因為瑪麗蘇開着車，出門玩去了。

所以，**你怎麼證明自己沒有多重人格呢？就是仔細檢查你的記憶，看有沒有不連貫的地方，有沒有莫名其妙遺失的時光。**如果有的話，那你就要小心了，你很可能已經被其他的幾個「你」佔領了！

關於多重人格治療的內容，真的是少之又少。因為多重人格這個病本身就少見，說是罕見也不誇張。絕大多數心理治療師，終其

一生也遇不到一例。所以，很多心理醫生為了自己職業生涯的「光環」，甚至在催眠治療的過程中，人為地為患者「製造」出很多人格。下面介紹的關於如何治療多重人格的內容，可以說是非常珍貴的。

　　還是用比利的案例，來解決以下問題——

　　醫生是用甚麼方法來治療多重人格的？
　　對多重人格的治療從哪裏開始入手？
　　在治療多重人格的過程中，遇到了甚麼重大困難和挑戰？又是怎樣解決的？
　　治癒的過程中，患者身上發生的關鍵性轉變是甚麼？
　　最後，怎樣證明比利已經被治癒？

「深海」下的潛意識

　　醫生是用甚麼方法來治療多重人格的？

　　答案是：催眠療法。

　　人的心理活動，總的來說，可分為意識和潛意識兩個層面。所有心理疾病都是潛意識層面出了問題，這個很好理解，因為意識是我們可以控制的，如果它遇到麻煩，我們控制一下，就解決了。但是，潛意識層面是我們自己操縱不了的，正因如此，當它出了狀況，我們就會立刻陷入束手就擒、無能為力的窘境。

　　潛意識也不是永遠藏在「深海」之下，它也有偶爾浮出水面的時候，比如說在夢裏，或者在催眠過程中。**催眠療法，就是讓患者進入一個特殊的意識狀態，在這個狀態中，我們能接觸到他們潛意識層面的東西，進而對這些東西進行調整和疏導，從而解決患者潛**

意識中的心結，這樣也就進而搞定了他們在意識層面的心理疾病。

至於說催眠療法的其他內容，比如說催眠的方法，甚麼人容易被催眠，甚麼人比較困難等等，之後會為大家詳細介紹。

下面進入治療的正題了！

比利總共有 24 個人格，這些人格形形色色，年齡跨度從幾歲，十幾歲，到跟接受治療時的比利差不多的二十幾歲，甚至三十幾歲都有。

我在前面提到過，因為每個分裂出的人格，都不是一個完整的人格，而是相當於主人格的某個部分，所以在治療多重人格時，不是一個個殺掉分裂出的人格，而是需要將它們融合在一起。因為，哪怕是殺掉一個人格，也將會導致整體人格的毀滅。而且，這些分裂出的人格，一旦形成，它們本身也會強烈抵禦企圖消滅它的一切努力。如果你用這種方式來治療，其實相當於跟這些人格宣戰，最後遭殃的只能是主人格自己。

於是，**比利的主治醫生，在治療中的切入點就是，讓比利的這些分身最終能融合到一起。但前提是，得讓他們回到過去，或者去未來，所有人都達到統一的年齡──26 歲。**若是所有分身都在同樣的年齡，融合統一會更加簡單，成功率也更高一些，這也是人格融合的前提。

那麼為甚麼說，這些分身都可以達到統一的年齡呢？對於一個正常的人，你想讓他變小，或者變老，不是天方夜譚嗎？因為，這些分身並不是完整的人格，他們的出現代表着比利過往不同階段中出現的創傷，而他們的存在就是為了防禦這些創傷。有一些分身比比利年紀大很多，是因為比利的某個創傷需要這個年紀的人才能應對。同理，年紀小很多的也一樣。所以，當然，分身們也就沒有所謂的自己的時間線了。

醫生第一個下手的「對象」，自然是比利那個只有 3 歲的小女孩分身，克麗絲汀，就是經常替他罰站的那個小女孩。

具體的催眠過程是這樣的——

「你好呀！」心理醫生在催眠治療中召喚克麗絲汀，「你還好嗎？」

克麗絲汀出現了：「我還好。」

心理醫生問：「你還記得我嗎？」

「記得。」

「我們上一次見面是甚麼時候？」

「在有啡色椅子的那個房間。」

「是甚麼時候？」

「是有一天。」

「好吧，克麗絲汀，」心理醫生説，「你 3 歲了對吧？你想變成 4 歲嗎？」

「想！」

心理醫生説：「10 分鐘以後，我會説，從現在到那時，你將要長大整整 1 歲。克麗絲汀，這沒事的，你將要長大，其他人（指的是比利的其他分身）也要長大，你想長大嗎？」

克麗絲汀回答：「是的，我想長大，長大我就可以畫畫了。」

心理醫生説：「那好，你可以做任何事，然後你不斷地長大啊，長大啊，長大啊。你就不會再這麼小了。你能做到嗎？」

克麗絲汀突然很緊張地説道：「可是爸爸他……」

（這個爸爸，就是指一直虐待比利的那個繼父。）

心理醫生趕緊安慰道：「我知道他不是你的爸爸，他很壞，我們都知道這點。所以我要幫你快點長大，這樣你就不必再怕他了，你能做到嗎？」

克麗絲汀堅定地説道：「能！」

於是，克麗絲汀在 10 分鐘後，長大了 1 歲，變成了 4 歲。

治療進行到這裏，驗證了一件事情。就是**多重人格分身的年齡成長，絕不僅僅靠機械性的暗示和催促，而是只有當患者體內創傷的矛盾衝突解除時，年齡才能變化**。比如剛才克麗絲汀突然擔心地提到了比利的繼父，那個魔鬼。但是心理醫生及時疏導了她，讓她覺得長大後才能戰勝魔鬼。這樣，克麗絲汀這個分身，才順利地聽從了醫生的安排，年齡發生了變化。

隨後，在接下來的兩個月的時間內，心理醫生讓克麗絲汀這個原本只有 3 歲的小女孩，成功地趕上了比利的真實年齡。接著，又用同樣的辦法，讓比利的其他二十幾個分身，都達到了跟比利一樣的年紀。

這就是多重人格治療的切入點，在完成分身的融合之前，要先統一他們的年紀。

分身的「收編」

當分身們的年齡統一後，就要開始進行人格之間的融合。

於是，心理醫生在一次深度催眠過程中，問比利：「比利，你想見見其他人嗎？」

比利説：「如果你要我去的話，可以。」

「首先給你介紹克麗絲汀，」心理醫生説，「就在幾個月前，她才 3 歲大。當我碰到你的右肘時，我會叫克麗絲汀出來。」

（注意這個觸碰右肘的動作，這是催眠中的觸發動作，用這個動作讓患者進入意識的另一個層面。對不同的醫生而言，具體的觸發動作也不一樣。）

克麗絲汀被召喚，但沒有人回應。醫生等待着。然後比利突然說道：「我看見她了！」

這一刻，意義非凡，因為，這是比利第一次對他的分身有了視覺印象，第一次，這些自我在他自己的意識裏出現了。比利的所謂「看見」，也是他成功融合其他人格，走向康復的表現，因為克麗絲汀不再飄忽不定，也非某種幻影，而是存在於比利的記憶之中。

「你看見她了？」醫生問，「那麼告訴我，你為甚麼丟下她？」

比利回答：「因為她有自己的想法，她不會按我説的做。」這是個耐人尋味的答案，表現出了多重人格患者的意識、所下的指令，與無意識執行效果之間的巨大鴻溝。

「那現在你怎麼看呢？」醫生問。

「我認為這樣是不對的，因為事物一直在改變。」比利説，「你看，克麗絲汀張開了雙臂，我想她需要我。」

醫生低聲問：「你怎麼看她？你喜歡她嗎？現在你想讓克麗絲汀跟你在一起嗎？」

比利屏住了呼吸，然後説：「是的，我需要她，她也屬於我。」

至此，宣告兩人的聯結成功。比利和他的一個分身，女孩克麗絲汀，成功地融合了。

但是，治療的進展也就只能走到這裏。因為接下來，在進行比利跟雷根，也就是一直以來比利的守護者之間的融合時，發生了障礙。雷根拒絕了比利的融合，雷根説：「我認為你還沒有能力保護自己。」

同樣，在面對另外兩個分身，好鬥的湯姆和情緒激動的傑森時，比利也被拒絕了。傑森和湯姆給出的理由是：比利的心中仍然有猛虎。他平靜不下來。而當轉向亞瑟，就是那個幫比利做數學卷的學

霸時，比利也被拒絕了，原因是，亞瑟認為：「沒有我，你會自卑。」

眼看着比利的治療就要進行不下去，或將以失敗告終時，醫生決定，另闢蹊徑，直搗黃龍，必須先解決比利多重人格創傷的最主要根源。

其實比利的其他分身，早就在催眠治療中，不止一次地表達過他們對比利的繼父的仇恨。簡直是仇深似海，不共戴天！但是，這些想法，都未能滲透進比利的意識中。

那麼現在心理醫生要做的，就是將這份巨大恨意，從潛意識的壓抑中釋放出來，讓比利沉重的心靈得到解脫。

經過一番催眠後，比利發出痛苦的呻吟聲，醫生屏住呼吸，他知道，就彷彿外科醫生瞄準關鍵傷口下刀一樣，比利正處在創傷被揭露的關鍵時刻。比利提高聲調說：「我告訴自己那是我的繼父，是我媽媽的選擇，是我家庭中的一員，我要原諒他，但我從來沒有真正地原諒他！」比利情緒愈來愈激動，他繼續說：「我恨他！每當他傷害我，我就看到自己舉起拳頭狠狠地揍他，還有其他方式，拿刀刺他。我無數次地想要閹了他，把他切成碎片，在他身上釘滿釘子。我有時會在學校想，會在路上想。有幾個片刻我覺得我已經殺了他，我渴望了那麼久，我希望他死！」

這一刻，心理醫生可以看到這突然爆發的恨意從潛意識裏噴射而出，衝進意識之中。這一刻，比利終於重新找回了當年被自己否認的憤怒和痛苦。

然後一切都解決了。

接下來，比利開始順利「收編」他的一個又一個分身。

治療到了最後階段，在比利身上發生了一個質的變化，這個變化標誌着他一隻腳已經邁進了治癒的大門。

那麼，在治癒的過程中，患者身上發生的關鍵性轉變是甚麼？

這是一個夢。

夢裏，比利回到了小時候住的房子。但奇怪的是，整間屋子裏只有一張床。由於比利要找地方睡覺，而這是家裏唯一的床，他便睡在床的一邊，他的兄弟姐妹和母親睡在床的另一邊。

半夜，比利突然醒了，看到窗戶邊有張男人的臉，他嘴裏好像念念有詞。這個陌生男人好像在對着某個看不見的人說：「他們在做愛。」

「你看啊，媽媽，有個男人在窗外盯着我們。」比利大喊着，要叫醒他的媽媽。接着他發現窗邊的那個人拿着個相機，比利連忙用手臂擋住眼睛避免被拍到。「媽媽，你快看啊。」比利再一次呼喊他的母親，對方沒反應。接着比利又叫了他的兄弟姐妹們，也無一人應答。

比利起身，打電話報警。

他聽到電話那邊一個陰沉的聲音回覆：「警察去夜巡了。」

「那麻煩接通巡警。」比利堅持說。

「也去夜巡了。」那陰沉的聲音又說。

「可是我需要幫助啊。」比利急了，大喊起來，「有個人在我家窗戶外面。」

「你要買甚麼保險嗎？」那聲音問。

「這件事跟保險有甚麼關係啊？」比利急了，大叫着。

「我要給你的保險公司打電話，」那個聲音說，「你給我他們

的電話號碼。」

這時，比利突然發現自己滿手的保險公司的名片。他不停地翻找着名片上的電話，可發現字太模糊了，無法辨認。「電話號碼呀，拜託，電話號碼呀，拜託。」比利焦急不已，滿頭大汗，「我看不清這些號碼。」突然，他滿手的名片開始滑落，比利試圖抓住它們，但是徒勞，名片散了一地，然後竟然陷進地裏不見了。

「請你掛電話吧。」這是接線員留下的最後一句話。

隨之而來死一般的寂靜讓比利彷若被當頭棒喝，他突然覺醒，知道了一個事實，那也是他以前從未能面對的事實，也是他多重人格出現的起源——沒有人會幫他趕走窗邊的男人，也沒有人能在他受虐的時候，給予他任何援助。

當比利直視了當年多重人格產生的起源時，他才真正開始找回自己。他將好好梳理過往，那些發生在一個個分身身上的過往。

# 找回遺失的記憶

怎樣證明比利已經被治癒？

最顯著的一點，就是比利能想起某個分身人格時做的事，找回了遺失的記憶。

比如，比利有一個叫丹尼的分身，是個14歲的男生，特別膽小，容易被驚嚇，懼怕陌生人，特別是男人。但是丹尼很愛畫畫，不停地、大量地作畫，長達兩年。比利突然找回了丹尼作畫時的那段記憶，甚至能回憶出，丹尼在作畫時內心的想法和在每幅作品中宣洩的情感。

　　醫生對比利的治療前後用了長達 11 年，共計 2354 次訪談，真是個驚人的數字。其過程中的艱辛和磨難可想而知。涉及人格障礙的治療本身就非常難，就更別提，這人格障礙中的奇葩多重人格，更是難上加難了。

　　經過這麼久的治療，可以説，這位心理醫生已經成為比利生命的一部分了。

　　在某一年聖誕節，比利饒有興趣地答應了其他分身，一起寫一張聖誕卡片送給這位心理醫生。

　　所以卡片的內容就很有趣，佈滿了不同的筆跡和語氣。

　　上面寫着：

　　獻給我們親愛的醫生：

　　多重問候送給您。

　　比如説，克麗絲汀寫道：節日快樂，醫生姐姐。

　　猛男雷根寫道：妹妹，祝你聖誕快樂。

　　學霸亞瑟寫道：敬愛的醫生，祝您聖誕快樂！

　　最後，調皮的湯姆和傑森寫道：大家都寫了，我倆不寫也不合適啊，謝謝你一直以來的幫助！

第四章

人的大腦為甚麼會淪陷？家暴、騙愛、傳銷

那些人類生活中暗藏的
「上癮關係」之謎

　　有一則體育新聞，說的是著名的高爾夫球手老虎活士，沉寂 5 年後「戰神歸來」，他重返賽場，再次奪冠。這位閃閃耀眼的體育明星，跟我們這篇文章要講的內容有甚麼關係呢？其實，老虎活士的性癮症，就跟他的體育戰績一樣「赫赫有名」，曾讓他深陷於醜聞的深淵和職業生涯的至暗時刻。

　　雖然還鮮為人知，但跟藥物成癮一樣，世界上還有性愛上癮。

　　性癮症又叫性高潮成癮，指的是一個人「嗜性如命」，就年齡而言，大多集中在 30 歲至 40 歲的男子的身上，這也是人一生中性生理最活躍的時間段。他們如同吸毒者、賭徒、酒鬼一般，一旦性癮發作，就會不顧一切放下所有工作，去尋找發洩的物件。有媒體就報導過，老虎活士性癮症發作後，嫖娼無數，甚至一個晚上都停不下來。

人類是怎樣墜入「上癮」這個墮落的世界的？為甚麼會有那麼多「難以自拔」的窘迫局面？我們先來解決以下問題——

人類為甚麼會上癮？又是怎樣淪陷的？
甚麼是可怕的「失樂園假說」？
性愛上癮者是怎麼一回事？
從上癮的角度來說說，怎樣的人容易出軌？

不容易上癮的人類是怎樣淪陷的

按道理來說，人類不應該容易上癮。

如果在動物實驗中，不斷地給老鼠餵東西吃，讓牠喜歡吃多少就吃多少，讓牠愈吃愈胖。在這種情況下，老鼠會想減肥嗎？再者，假設做這麼一個實驗，讓老鼠在實驗中觸發機關便可獲得可卡因和尼古丁，漸漸地，牠就知道機關的作用，然後不斷地觸發機關。總之，最後老鼠患上了藥物依賴症。那麼在這種情況下，老鼠會想要戒掉嗎？

可想而知，以上問題的答案是——不會！

那麼，為甚麼人類卻要想方設法減肥和戒煙呢？人跟老鼠究竟哪裏不一樣呢？

因為人有一種從空間和時間上，站在客觀的立場上客觀地觀察自己的能力，這在心理學上被叫作「元認知」。這個元認知，這種高級的思維，至少老鼠是沒有的。

也就是說，人能夠頻繁地稱體重、照鏡子，監督自己。或者忽然停下來思考反省：「你說，雖然抽煙感覺美妙，但是這麼做是對

的嗎？」、「我吃了這麼多，是對的嗎？」

因為有元認知的存在，所以，人類是不應該容易上癮的。

但是，人類的這個「元認知」，也有一個很大的 bug（漏洞）。就是人類只會對突然出現的劇烈變化有警覺，卻忽略那種潛移默化間慢慢產生的影響。也就說，很多成癮的東西，其實都是在一點點起作用的，這樣就可以借着「元認知」的這個漏洞，躲開「元認知」的監測，最終讓人類墜入成癮的無底深淵。

打個比喻，人類是怎樣淪陷的？

吸煙成癮的人，都知道有一種說法，是「人生第一支香煙一點也不香」。對正常人來說，大腦的神經受到尼古丁的刺激，會產生頭暈、噁心、嘔吐的感覺。本來最初出於好奇而嘗試吸煙的人，心裏還是有所防備的，擔心會上癮，然而不幸的是，正是因為這種初次體驗到的不愉快的感覺，反而使人放鬆了警惕。

大家會覺得吸煙也不過如此，「這種東西隨時都可以戒掉，只有在跟朋友一起玩的時候偶爾抽一下。」還有一些人，想知道「看別人抽得那麼銷魂，香煙究竟是甚麼味道呢？」，大家都抱着這樣輕鬆的心情，一直堅持不懈地，一次又一次地吸食香煙。

在這個過程中，身體發生了很大的變化，神經因為香煙中有毒物質的刺激會變弱，多巴胺分泌會變少。當這種狀況惡化到一定程度時，在尼古丁的刺激下，多巴胺的分泌量會短暫地忽然恢復到正常水準，這個時候，吸煙的人反而一瞬間體會到了內心的寧靜。

其實不是香煙讓人寧靜，而是之前香煙讓你太低沉，在這麼低的基礎之上，偶爾來一點興奮，你反而會覺得無比幸福。你會發出「啊，原來這就是香煙的味道啊！」的感歎。

明白「香煙味道」的那一瞬間，就是「中邪」的那個時刻，換

句話說，這時，你已經順利完成了對香煙的成癮過程。

在這之後，每次吸煙，都暫時會有多巴胺分泌，所以在一小段時間內，會感覺氣定神閑。

可怕的「失樂園假說」

吸煙時，香煙中的尼古丁，和其他成癮物質比如鴉片、大麻、興奮劑，一樣能讓人分泌多巴胺，這個是不爭的事實。但同時，這裏也已經存在了一個可怕的陷阱。就是，如果反復使用這些東西刺激自己，結果會怎樣？神經會一直不知疲倦地分泌多巴胺嗎？

如果是的話，可能成癮問題看上去也就沒那麼嚴重了。

答案當然是否定的。由於被反復刺激，人的神經系統會變得遲鈍，這種現象叫作「補償性感受性低下」。如果這種「補償性感受性低下」持續發展下去，多巴胺的分泌就會減少。

那就會導致兩個後果——

一個是，因為每次成癮物質的效果持續的時間呈遞減趨勢，那麼成癮物質的使用量和次數就需要不斷增加。這一點，就是我們所說的產生了「抗藥性」。

還有一個後果，就是「失樂園假說」。「失樂園假說」來自那則寓言，亞當和夏娃在偷吃了禁果以後，便從那個原本讓他們幸福生活的伊甸園中被趕了出來，永不得回去。而物質成癮者的情況就如同這則寓言一樣。**隨着禁果即成癮物質的使用，神經愈來愈鈍化，原本在正常生活中就能感受到的喜悅和寧靜不見了，像是從伊甸園中被趕出來一樣。**

我們舉個例子來說明。

對於曾經蔓延中國的鴉片，甲午戰爭後，一個到四川旅行的英國作家，曾在《揚子江流域及以外地區》一書中，描述過這樣一個場景：

「我在揚子江所乘的船隻上的 16 個極其貧窮的船夫當中，有 14 個吸食鴉片。到了夜晚……衣衫襤褸的 14 個男人蜷縮在毯子上，身旁放着鴉片燈，臉上完全找不到白天作為苦力的辛酸，而是彷彿在做着來到天堂的美夢一般，露出非常幸福的表情。」

我們從「失樂園假說」的角度來看一下這個場景吧，船夫們白天工作確實是很辛苦，正因如此，到了晚上當他們結束工作時，才會覺得更輕鬆。因為人的大腦有這個平衡機制，就是在一段壓力過後，會給予補償，分泌多巴胺讓人輕鬆一下。想必很多人會明白這個感受，結束一天的工作，走出工作地方的那一瞬間，會有一種無法言喻的自由的感覺。

當然，這一切是建立在大腦的機制能保持平衡的基礎上。而如果長期服用成癮物質，就會讓大腦的這個機制被破壞，多巴胺很難被分泌出來。

那些船夫在辛苦工作後，不能享受到輕鬆和欣喜，反而情緒低落，內心好像被平白無故地開了一個洞。為了擺脫空虛感，他們必須做點甚麼。解決方法，就是趕緊來一口鴉片。我們經常能看到，在黃昏的街頭，叼着香煙走在回家路上的人，他們吸煙大概就是這個緣故。

所謂「飯後一支煙，快活過神仙」的真相也是如此。我們都說民以食為天，吃飯不僅能解決基礎需要，它實際上還能讓人快樂。因為人吃飯時，大腦也會分泌多巴胺。所以，古往今來，在世界各地的人，只要有機會就會快樂地圍坐在餐桌前。但是，煙民由於受尼古丁的慢性影響，大腦的敏感度會降低。因此，一般人感受到的

飯後的舒適和幸福，煙民們是無法再體會到了。雖然山珍海味吃了一大堆，但還是覺得若有所失。所以還是得在飯後，來上一支煙。

依靠成癮物質，來強行榨取多巴胺，會讓迄今為止嘗到過的幸福都逐漸褪色，整個人的精神狀態也會一路下滑。失樂園假說，更是在說，癮君子們一旦沾染上藥物，就會痛失本來理所當然擁有的，那個平淡幸福的天堂。

「腦內春藥」

人戀愛的時候，大腦會分泌一種叫作「PEA」（苯基乙胺）的物質。這個物質會刺激多巴胺神經，堪稱「腦內春藥」，能導致「顱內高潮」。所以戀愛的人會覺得整個世界都變成了玫瑰色。

那麼這幫助我們墜入愛河，讓我們神魂顛倒的 PEA 有甚麼危險性呢？

首先，PEA 在人怦然心動的時候，分泌量會增加。特別是在還不能確定能否跟新的物件發生關係，成功的概率只有一半的時候，也就是我們說的「性曖昧」階段，分泌量最大，達到了峰值。其次，在有秘密行為，或者秘密交往物件，以及離家出走時，也就是我們說的偷情和私奔的情況下，PEA 也會大量分泌。

如果有幾次在大量的 PEA 被分泌出來的情況下，恰好體驗到了做愛的快活感，人就會像打了興奮劑一樣，心裏會總想着「再讓我感受一下那美妙絕倫的感覺吧」！從此就會對性愛癡迷起來。

然而，在這沉迷的過程中，大腦內的「PEA 接受體」，或者說感受 PEA 帶來快感的那個器官會一點點受損，神經也相應變得遲鈍。於是為了得到同樣的快感，就需要更猛烈的刺激。但是刺激得

愈猛烈，PEA 接受體就會被破壞得更嚴重，這就形成了一個惡性循環。

對性愛上癮者的調查表明，他們的多巴胺神經反應比正常人遲鈍。換句話說就是，雖然他們進行的強烈刺激的數量很多，但每次性行為所感受的快感並不多。為此，他們在一次性行為中得不到滿足，就需要不斷地尋找新的物件，也就是說，性癮症患者要想達到能讓自己滿足的快感，必須「走量」，積少成多。 這也是老虎活士一個晚上都停不下來的原因。

但當他們清醒過來的時候，就跟吸毒者吸毒過後一樣，由於多巴胺匱乏，他們會發現自己體會不到日常生活中的舒適和寧靜，彷彿從那個天堂被趕出來一般。雖然，他們原本只是為了追求幸福，但踩壞了近在腳下的幸福。重複性的刺激，只是擴大了心中的無底空洞，最後生活對他們來說，只是日復一日上演的痛苦。

到底甚麼人更容易出軌？

甚麼人容易出軌？是沒有定性的人？浮躁的人？圓滑世故，或者機靈狡猾的人？

這裏有個研究結果也許會讓大家大跌眼鏡。

心理學研究表明，當我們將煩惱傾訴於他人，或者幫助別人解決問題的時候，PEA 的作用會增強。也就是說，**那些樂於助人，愛聽人傾訴的心思單純的人，反而愈容易出軌。**

有一位 30 歲左右的男人，在博客裏記錄了自己想要擺脫婚外情，以期重新回到妻子身邊的心路歷程。他一邊介紹了 PEA 的作用，一邊寫下這樣的內容：

「最近我不停追憶，回想起我的第一個外遇，是從我不假思索地想幫助人解決婚外戀這件事開始的。我原本不是會搞婚外情的那種人，卻輕而易舉地跨過了這條線。因為我向別人提供了婚外情諮詢的幫助，這太荒唐了，但真實地發生了。也許愈是那些對人友善，平時樂於助人的一根筋的人，愈容易陷進去。」

是的，即使你沒有企圖，只是出於善意，但是如果過分干預這種事，一不小心就會被捲入 PEA 的暴風雨中。一旦經歷了一次神經崩潰般的性體驗後，平時再冷靜的人也會迷失自己。他的 PEA 接受體遭到破壞的同時，也就進入了慾望永遠無法滿足的深淵，日常生活中的平靜安穩也從此與他無緣。

這就可以解釋，為甚麼在「9・11」事件發生後，很多倖存的消防員，紛紛跟自己的妻子離婚，而與死去的戰友的遺孀重新組成了家庭。**當你為對方提供了過多的兩性方面的說明和關懷時，情況也開始變得複雜和撲朔迷離起來，你也會被捲入其中，受 PEA 作用的蠱惑，迷失前路。**

所以，當有煩惱的人，尤其是異性跟你徵求有關婚外情的意見的時候，要格外警惕。

我們身邊還有很多謎一樣的「上癮關係」，人們常常會困在這些關係中無法脫身，有的人看到這裏會納悶，以前只聽說過有上癮物質，比如興奮劑、麻醉劑和致幻劑等，這還是頭一次聽說有「上癮關係」。

那麼這些所謂的「上癮關係」都有哪些呢？

它們包括：家暴、兩性關係中的操控、傳銷的手段。

關於「上癮關係」，我們要解決的問題有——

甚麼是「二重洗腦」？

　　為甚麼在家暴關係中，有的妻子儘管遭受非人的暴力，但還是離不開丈夫？

　　為甚麼在一些兩性關係中，一方被另一方吃得死死的，甚至願意為對方付出自己的一切？

　　傳銷團夥又是怎樣讓人「中邪」的？

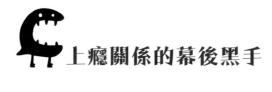# 上癮關係的幕後黑手

　　在講「上癮關係」之前，先介紹一下「二重洗腦」這個概念，它可以說是我們這些「上癮關係」幕後的始作俑者。

**　　二重洗腦，顧名思義，就是要洗兩重，第一重是「獎勵」。**

　　拿邪教來舉例。一個人能被邪教拉攏，往往是因為心中有苦悶難以排解，心理能量處於一個非常弱的狀態。就跟身體免疫力下降一樣，此時，很多「妖魔邪祟」可能會乘虛而入。

　　當你進入邪教以後，剛開始，他們會對你呵護備至，會耐心地聽你的傾訴，分擔你的煩惱。然後偷偷地告訴你，如果你跟教主接觸之後，生活將會出現巨大的轉機和改變，因為教主絕非凡胎肉身，他有常人沒有的能力，會讓你覺得「信了他，便得永生」！

　　這就是所謂「獎勵」的一重洗腦。

**　　第二重洗腦，是「恐嚇」。**

　　還拿邪教來說，在獎勵和安慰你的同時，他們一定也會說一些可怕的事情。

比方説：「你現在煩惱是因為前世的罪過，如果不補救的話，死後一定會下地獄的！」這便是第二重洗腦——恐嚇登場了。接着，他們會提出「為了不下地獄，你得花錢免災」，而且還得是一定數量的錢財才可以，因為你罪孽深重。當你差不多散盡家財的時候，他們會説，這樣還是不夠，要不你再拉幾個人入夥吧，發展一下下線。

就這樣，你逐漸愈陷愈深。

這種「獎勵」與「恐嚇」結合在一起的雙重洗腦方式，威力是驚人的。因為**當「獎勵」帶有「恐嚇」的味道時，人們就很難從中解脱出來**。用動物實驗來打比方的話，就好像是有一隻老鼠，因為推動把手就有可卡因流出，所以不停地推動把手。假設實驗發生變化了，這次讓牠一推動把手就會觸電，那麼老鼠剛開始還會推幾下，但是因為有電，所以很快就不推了，甚至被嚇得不敢靠近了。

可是，換一種情況，如果毫無規律地給牠可卡因和電擊的話，老鼠就會迷惑。可能會觸電，也可能得到可卡因。牠雖然極度害怕，但還是渴望推動把手。這樣牠就會一會兒推，一會兒不推，一直徘徊在把手周圍，看似若即若離，實際難分難捨，內心鬥爭愈來愈激烈。

家暴與騙愛

「二重洗腦」這個方式，在家庭暴力關係中，可以説被用得淋漓盡致。

很多妻子儘管遭受到超乎常人想像的暴力，但還是不肯離開丈夫，周圍人無論如何都無法理解他們為甚麼不離婚。妻子會解釋説：「如果我逃走了，他就有可能會滅了我全家。」這就相當於「二重洗腦」中的恐嚇。然後轉念一想，她又會這麼説：「不過，他實際

上也有對我好的時候……」這便是「二重洗腦」的「獎勵」。

因此，**一般在家庭暴力裏，可以看到明顯的週期存在。**

首先是「積累期」。這段時間表面看上去風平浪靜，心平氣和，但是妻子自己卻戰戰兢兢，因為她知道，這是狂暴之徒在爆發前的醞釀。緊張的氣氛在家中四處蔓延，山雨欲來風滿樓，危險一觸即發。

接下來是「爆發期」，暴力像狂風暴雨一樣襲來。大多數的暴力是無法提前預測的，也完全無法被控制，並且極具破壞性，有時甚至會危及被害者的生命。這是施暴者為了讓被害者能一直聽任自己擺佈，對其施以恐嚇，並讓其徹底臣服於自己的時期。

可是在這之後，丈夫突然變得溫情起來。「對不起，原諒我一時的失控，我最愛的人只有你，是愛讓我如此瘋狂！」他會買來禮物，並發誓「再也不打你了」。如果受害者回娘家的話，他就會每天痛哭着跑去懇求她回來。因此，**這段時期叫作「蜜月期」。**

妻子心想：「他從此改邪歸正，再也不會使用暴力了，也許可以重新開始吧。」於是放心地跟他回家了。的確，從這以後一段時間內，丈夫真的像換了一個人似的，變得很體貼。但是，好景不長，漸漸地，又會進入下一個暴力醞釀期。

這便是很多女人深陷家暴泥潭，卻脱身不得的原因。外界人的理解是「清官難斷家務事」，是受害者自己不爭氣。**實際上，這是丈夫慣用的「二重洗腦」手法，將妻子牢牢鎖定，使其逃生無門。**

為甚麼在一些兩性關係中，其中一方被另一方吃得死死的，甚至願意為對方付出自己的一切？

在解釋這個問題之前，要跟大家介紹**一個心理現象，叫作「變性意識形態」**。那麼，甚麼是「變性意識形態」呢？人有一個自己

無法掌控的、容易受到別人影響的意識狀態，這個狀態就是變性意識形態。催眠和洗腦，某些極有個人魅力的領導者，都深諳此道，會充分利用人的這個狀態。比如，在宗教場合裏，經常會看到有人重複念誦節奏簡單的咒語和經文，或者一直凝視着火苗。這些行為，都容易讓人進入到「變性意識形態」中。我們可以**把這個狀態理解成一種精神恍惚，或者意亂情迷。**

懂這方面的老手，可以在短時間內就令人進入這種狀態。不過，這種狀態，其實我們一般人也不陌生，**當我們迷戀上某種東西的時候，比如電視劇、遊戲、電影時，或者是在酒吧、卡拉 OK 等地方，受到大音量的音樂和光怪陸離的照明效果的影響時，很容易就會出現這種「變性意識形態」。**在這種狀態下接收的資訊，不僅比實際上要誇張和扭曲，而且所受的影響很難抹去。

你也有過這樣的體驗吧。比如說，當時覺得「這個主意真不錯」，可是後來冷靜下來想想，「這種餿點子我都想得出？」。這就說明，直到你清醒為止，你一直認為那個誇張和扭曲的世界是真實的，而且緊抓着不放。「美夢成真啦！」、「我終於遇到真命天子啦！」這是你在「變性意識形態」下的感受，而它可怕的一面就是，當事人自身無法覺察到自己正陷於這種狀態之中，還對此深信不疑。

兩性關係中，為甚麼其中一方完全被另一方牽着鼻子走？

在家暴關係中，挨打的時候，受害者彷彿掉進了十八層地獄。十分懼怕對方，甚至這種恐懼會擴展到施暴者以外的事物，情況非常悲慘。所以，一旦施暴者溫柔地對待她，她就會比普通人受到這種待遇還要感恩戴德。這時受害者完全不能從一個客觀的的角度思考問題。她沒有意識到問題的根本，反而陷進了一種我們剛才所說的「變性意識形態」中，整個人是恍惚的。

於是，在被關心的瞬間，受害者就會覺得一切都可以釋懷，可以摒棄前嫌，覺得仍能夠繼續在一起。但是暴力還會無止境地上演。

於是漸漸地，受害者習慣於這種只能被欺凌的軟弱感，最終放棄從暴力中掙脫出來。想着，「只要我忍着就好了」，或者「不管怎麼做都沒用」。

也就是說，**不管看上去是多麼難以忍受的狀況，只要把一個人真的覺得很感激的「獎勵」，恰到好處地給予他，那麼這個人就無法從關係的桎梏中擺脫出來。**

現在把這種情況放在兩性關係中。

現在有一個門派，專門研究兩性關係中的操縱。叫作 PUA，全稱（Pick-up Artist），又叫作「搭訕藝術家」，或者「極速引誘學」——在最短的時間內讓女性着迷。

PUA 產生的初衷是幫助一些年輕人，他們沒有結識異性朋友的管道，迫切需要新的社交技巧來完善自己。PUA 的理論基礎，也是取自精神療法和人類行為學的結合。

但是，這套技巧應用於中國以後，卻有點變了味道。中國的 PUA 由於得不到足夠的商業化支援及從業者自身專業知識不足，在中國呈詐騙化發展，形成了 PUA 組織，他們把自己包裝為成功人士，利用 PUA 技術對女性展開騙財騙色的行動。

那麼 PUA 技術是怎麼操作的呢？其實，這裏用到的就是「二重洗腦」。

首先，像剛才說的，詐騙行為是精心策劃過的，他們會把自己塑造成有錢人的形象，並給予目標女性某些甜頭，比如用租來的豪車帶她們四處玩耍。這相當於在「獎勵」。

接下來，詐騙者馬上用到了和家暴施暴者同樣的伎倆，就是開始懲罰，施加暴力。但是這種兩性關係中的暴力，通常都是冷暴力。他們故意開始疏遠對方，無視對方存在，比如幾天也不主動聯繫，

發的資訊很久也不回覆。甚至開始對對方吹毛求疵、冷言冷語，或與別的女性勾勾搭搭。

在這種懲罰與獎勵的二重洗腦過程中，PUA 成員密切追蹤受害者心理細微變化的節奏，進行即時掌控。然後不失時機地抽打冷酷無情的皮鞭和奉上無比甜蜜的糖果。進行這樣便能不費吹灰之力地將對方的心死死套牢。

被這些危險的遊戲或者危險的異性吸引的人，也許會想：「情況不妙我就溜。」但實際上，愈是情況不妙，獎勵的魔力就會變得愈大。也就是説，等意識到情況不妙時，多半已經來不及了，而且會意想不到地陷入「愈痛苦就愈快樂」這種欲罷不能的狀態。

傳銷團夥是怎樣讓人「中邪」的？

「二重洗腦」在一類人中的威力最大，那就是傳銷團夥。因為傳銷團夥用他們特有的手段，使「二重洗腦」的效果不斷被放大、膨脹。

假設你是帶着某個個人問題進到這個團夥組織的。比如，跟另一半感情不太好，正是不知分手還是和好的當口，又或者是不知道該不該辭掉眼前這份工作的時候。傳銷團夥的答案肯定都是「分手吧」或者「辭職吧」。

知道這是為甚麼嗎？那是因為一旦你的戀愛和工作都順利的話，對他們來説沒有一點好處。如果想要支配一個人，所有的「獎勵」都要來自傳銷組織才可以。任由戀愛和工作繼續給來訪者帶來快樂和滿足感的話，他們就會離傳銷組織而去。

　　切斷當事人除了傳銷組織以外的一切人際關係，是傳銷組織的當務之急。因為他們要製造出「只有組織才可以相信」的環境。為此，必須讓當事人與家人分離，斷絕他們的關係。營造出一種獨佔的狀態，讓當事人認為，他們可以從組織那裏得到一切滿足。

　　這樣，「獎勵」被放大的同時，「懲罰」的力度也在升級。如果你離開了組織，你將失去一切！

　　所以，當親人費盡千辛萬苦找到傳銷組織，想帶走他們時，會被狠狠地推開說「別碰我！」，因為受害者已經被洗腦了，認為親人才是外人。他們曾經感受到的家庭的幸福滋味，如今全部被傳銷組織的花言巧語給抹殺了。

第五章

你是否有過某種
奇怪的衝動，想要
從高樓一躍而下？

意想不到的強迫症的真相

你是否有過某種奇怪的衝動，想要從一棟高樓上一躍而下，或駕車撞向迎面而來的車流？

再或者想着：「要是我給那個女人來一拳會怎麼樣？」

如果你有以上衝動，或者你身邊的人有以上衝動，那麼你，或者他，可能正深陷於強迫症的漩渦。

本章的內容，就是探討這個存在於每個人心中，並驅使着數以百萬計的人走向癡迷的、怪異的以及強迫行為的思維陷阱。

通過對以下問題的解答，我們將開啟一條迷人小徑，直通你大腦中最黑暗的「強迫」角落——

強迫症到底是甚麼？我們這麼多年對它的誤解有多深？
強迫思維的那些離奇的想法是從哪兒來的？

為甚麼趕走這些奇怪的想法如此困難？
「白熊效應」的原理到底是甚麼？

有的人看到這裏會很好奇，甚麼是強迫思維？甚麼離奇的想法？甚麼白熊？

別急，這些問題都會有答案。在此之前，先給大家講一個真實的案例。

案例的主角，我們叫他李先生。李先生今年 30 多歲。

他認為，在自己身上發生了一件非常恐怖的事情。是甚麼呢？

幾年前，有一次，李先生在游泳池裏游泳後，從水裏爬出來，在往更衣室走的樓梯上，不小心被尖銳的台階角割了一下，腳後跟被劃出一個傷口，一下子流了好多血。然後，他抽了張紙巾，掩住了傷口止血，這件事也就過去了。

又過了一陣子，有一天早上，李先生在車站等車，他無意間，被月台廣告板上冒出來的螺絲刺了一下，刺破了皮膚，流血了。

這本來是兩件非常平常的小事，為甚麼李先生卻記得如此清楚呢？

因為在這兩件事情發生過後沒多久，李先生就突然覺得自己「着了魔」！

怎麼講呢？他的腦海中開始出現一個聲音，陰魂不散，來回飄蕩。這個聲音就是──「你會染上愛滋病的。」

李先生一想，這可真是有可能啊！

泳池裏天天人來人往，不一定存着甚麼細菌，還有我按在傷口上止血的紙巾，乾淨嗎？沒有人觸碰過嗎？車站過往的人也很多，

他們中的任何一個人，都有可能會被那根螺絲刺傷。要是被刺傷的人當中，有人是愛滋病患者怎麼辦？感染了愛滋病的血液留在螺絲上，然後螺絲又刺破了我的皮膚，這樣病毒就會進入到我的血液中⋯⋯

這個「你一定會染上愛滋病」的想法出現後，簡直是一發不可收拾，李先生早也想，晚也想，每天要搭進去五六個小時琢磨這件事。

後來，他不光是想了，還付諸行動。李先生反復檢查各種可能染上愛滋病的管道和物件。比如說，牙刷、毛巾、水龍頭、電話，他認為這些東西都潛伏着愛滋病病毒。每次有一點點皮膚上的傷，他都如臨大敵，興師動眾，會用好幾塊膠布把傷口裹得嚴嚴實實的。然後，更絕的是，他會把傷到他的那個東西，比如釘子或是玻璃片、桌角，都拆下來收藏好，拿到專業機構去進行檢驗，這才能安心。

類似的事情太多了，儘管李先生也知道愛滋病病毒不可能在體外存活，但那也沒用。

李先生覺得活得真是太累太痛苦了，最後實在撐不住了，就去看了心理醫生，得出的診斷是，他患上了強迫症。這個結果，大大出乎李先生的意料，他覺得，這醫生是不是個庸醫啊？大概是搞錯了。「強迫症難道不是那些老是洗手的人得的病嗎？跟我有甚麼關係啊？我知道那種人，他們總是緊張兮兮地要把周圍的一切都搞得一塵不染，連床上有點麵包屑都受不了。我跟他們的想法可完全不一樣，我可以接受任何麵包屑和雜亂，髒一點我完全不在乎，我又不是完美主義者。我害怕的是自己會染上一種可怕的疾病。這跟強迫症有天壤之別！」

那麼，李先生這個看法對不對呢？

其實，很多人跟李先生是一樣的，對強迫症的理解只限於不停地洗手。

那麼強迫症到底是甚麼？我們這麼多年對它的誤解有多深？

強迫症作為世界第四大常見的心理疾病（前三個分別是抑鬱症、物質成癮和焦慮症），那肯定不能光是「愛洗手」這麼簡單。

強迫症可以説是一套組合拳，它包括了兩大件：強迫思維和強迫行為。

李先生和很多人以為的強迫症的樣子，比如説愛洗手，那只是強迫行為的一個表現。而在強迫症中，真正的老大是強迫思維，它至關重要，不為人知，且威力巨大。説強迫行為是給它打下手的，也不為過。

 **無法戰勝的恐懼**

強迫思維是指突然闖入到腦中的奇怪想法。

總的來説，可以劃分成幾個大的主題，比如説，傷害主題和污染主題。

我們來看看關於傷害的強迫思維是甚麼樣子的。

包括——

總忍不住地想從高樓窗戶跳下去；
或者突然跳到迎面而來的汽車前面；
將某個人推下月台，推到火車前面的衝動；
希望某個人死；
抱着嬰兒時，有一種突然想把他一腳踢飛的衝動；
還有，如果我忘了對某個人説再見，他就會死。等等。

關於污染的強迫思維有——

擔心從公共場所染上疾病（這個就是李先生出現的症狀）；
可能因為接觸洗手間的坐廁而得病；
總覺得自己的手很髒。

除了以上這些，強迫思維還包括一些我們常見的想法，比如説，雖然知道已經鎖了車門，卻總擔心沒鎖，或者總擔心東西沒放好。再者，就是對某樣東西的對稱性有一種極致的病態的追求，就是我們經常説的，如果幾件東西沒有擺整齊，或者有一處缺損，就不能接受，這就叫「逼死強迫症」！

這些奇怪的念頭，不知道甚麼時候，就會從哪裏偶然地、隨機地、不受控制地冒出來，讓人不知所措，像着了魔一樣。在李先生身上，因為他有一種跟「污染」有關的強迫思維，就是我們剛才説的，擔心從公共場所染上疾病。所以，他的腦海中總是冷不丁地反復出現一句「咒語」——「你會染上愛滋病的。」

下面我再多舉幾個例子，解釋這強迫思維到底是甚麼情況。

20 世紀有位傑出的數學家，叫庫特・哥德爾，他是愛因斯坦的同事和朋友。這位數學家所提出的不完全性定理，使用邏輯來探討和揭示邏輯的局限，聽着太複雜了，簡單點説，就是這位數學家終其一生都在追求理性。然而，非常具有諷刺性和戲劇性的是，他最後卻死在了自己的不理性上。這位數學家後來患上了強迫症，而強迫思維本身是不接受任何理性的解釋的。

哥德爾的強迫思維就是，認為自己會意外中毒，毒源可能是腐壞的食物，也可能是冰箱裏發出的有害氣體。如果食物妻子沒有先嘗試過，他就一口也不吃。後來他的妻子生病了，無法為他試吃食物，結果哥德爾被心中的執念所困，活活把自己給餓死了。

還有一位工程師，講述了他在強迫思維面前的遭遇，他認為強

迫症最陰暗的一面，就是無法控制自己的想法帶來的恐懼。有一次，他和全家人一起出去度假，給扛着魚竿的兒子拍了張漂亮的照片。他正看着這張照片，看着帥氣的兒子扛着魚竿，心裏充滿了自豪，然後就聽到一個聲音説：「要是你不把這張照片毀了，你的孩子就死定了！」這位工程師掙扎着，一個小時，兩個小時，三個小時，跟這聲音搏鬥。他知道不能聽它的，完全沒道理，根本沒有這回事，甚麼也不會發生。但是到了最後，他還是決定不拿孩子的性命冒險。他委曲求全地順從了這個聲音，把所有照片刪得一乾二淨，同時感到深深的無奈和挫敗。

 ## 「我強迫，只是為了擺脱痛苦」

說了這麼多，大家也能看出來，**大多數強迫症患者出現的強迫行為，其實就是為了驅趕侵入到自己腦中的強迫思維。**

比如，如果總想着自己可能沒鎖門，那麼為了驅趕這個念頭，就要去實際檢查一下門到底有沒有鎖。再比如，有一個女孩子，她的強迫思維是有蟲子會從她的口中進入大腦，為了驅趕這個想法，她就整整 10 個月拒絕開口説話，以杜絕這種危險。

那麼檢查門鎖和不開口説話，就是強迫行為。

強迫行為確實可以趕走強迫思維，但是維持不了多久，甚至可以説是雪上加霜、飲鴆止渴。很快，強迫思維又會捲土重來，而且變本加厲。

這裏記住一點，**絕大多數心理疾病患者的舉動，其實不是為了獲得快感，而是在試圖擺脱痛苦。**

舉個例子，有一個叫小強的男孩特別愛洗手，拼命洗手，皮膚

都洗得破皮出血了，也停不下來。有時候，他大半個晚上都待在水池邊上洗手。他並不怕細菌，這不是他洗手的原因所在，也不是為了獲得清潔的快感。他說之所以洗手，是因為除此之外自己再也找不到任何辦法，能讓心裏那些詭異的焦慮感和痛苦消失。

失控的「想法發生器」

普通人每天可以生出幾千種想法，其中很多既沒用，也不理性，甚至是邪惡的。這些精神垃圾通過許多不同的形式存在。比方說，耳蟲現象，是說某段旋律，用我們的話講，叫特別「魔性」，會擠進你腦袋裏縈繞不散；還有就是一些負面的念頭，比如說，「我不行」、「我不幹了」等等。

這些想法之所以會出現，就是因為我們每個人體內都有一個裝置，叫「想法發生器」。它在不停地製造各種想法，這就相當於在「廣種薄收」，你必須製造出一定數量的各種想法後，才能在裏面摘出「金點子」。

當這些想法被提出時，大腦不會立刻對它們進行審查和排除。就像我們在公司裏進行「頭腦風暴」，思考如何才能增加銷售額或者吸引顧客。這時，無論提出的主意有多蠢，都會被記下來。

「想法發生器」任由我們的大腦迸發出天馬行空、稀奇古怪，甚至是不道德、邪惡和陰暗的想法。而對正常人而言，過一段時間後，我們就能修正和排除這些不需要的垃圾的想法。而對某些人而言，**沒能成功解決這些奇怪的想法，這些想法就有可能會導致痛苦和精神疾病，他們把想法轉化成強迫症。**尤其當人受到創傷，或感到壓力時，這些強迫思維更是會乘虛而出，失控般地四處亂竄。

這就是強迫思維中，離奇想法的來源。

為甚麼趕走這些奇怪的想法如此困難？

我們做一個實驗，找兩組人，一組人讓他們拼命地去想一隻白熊；另一組人，則讓他們千萬不要去想白熊。結果，被要求不去想白熊的人，卻發現腦海裏全是白熊，甚至比被要求去想白熊的人想得還要多。

這個實驗跟繞口令一樣，但它證明了一件事：愈是控制自己不去想一樣東西，就愈是想得厲害！

壓抑不應該有的想法是相當困難的，如果竭力不去想，只會導致這個想法在停止被壓迫後劇烈反彈。這種效應被心理學教科書稱作「後抑制反彈效應」，因為太拗口了，大多數心理學家又把它稱為「白熊效應」——**力圖趕走一個不應該有的想法，結果卻導致激烈反抗，而且這個想法再次出現時，會比以前更強大，更難以克制。**

這就可以解釋，為甚麼最希望戒煙的人，反而是最難戒掉的。

因為愈是不想去想抽煙這件事，愈壓抑這個想法，過後想抽煙的想法就愈強烈，甚至，我們的大腦會將這種被打壓的念頭（抽煙），認作對它的渴求。

吸煙者愈有排斥香煙的想法，對香煙的渴求就被放得愈大。研究表明，戒煙失敗的人，多是那些平時就更傾向於壓抑自己想法的人。類似的效果也出現在暴飲暴食的胖子身上：他們更喜歡壓抑關於朱古力和薯條的念頭，卻反而因此強化了自己對這些食物的渴求。

在睡前壓抑一個念頭，甚至會導致它在夢中再次出現。

那麼「白熊效應」的原理到底是甚麼？

為甚麼我們愈不去想一件事，反而想得愈厲害？

因為在我們頭腦工作的過程中，如果盡力不去想白熊，就必須選擇去想另外一樣東西，來代替白熊。這樣，人們就開始有意識地轉移自己的注意力，比如說，去想想早餐吃的甚麼，明天打算穿甚麼。

但是，關鍵問題來了，要想轉移注意力，我們就必須事先知道，要把注意力從甚麼目標身上轉移過來。你總不能憑空轉移吧。於是，在抑制自己的某個念頭之前，我們就會先下意識地找一下是否存在這個念頭……

結果，在我們想把注意力從白熊轉移到另一件東西之前，就會必然地又先想到「白熊」，又想到了那些我們本來打算不去想的東西。等於說，這通操作，反而是強化了想要忘記的東西。

強迫症的「周邊產品」

到這裏，關於強迫症，你已經比大多數人都了解得多。但還不算完，下面，我們還要來聊一聊那些稀奇古怪的，你見所未見甚至聞所未聞的強迫症的「衍生病」。

這是你第一次聽說，連一個心理疾病都有「周邊」吧？

可見強迫症有多厲害，這世界第四大常見的心理疾病也不是誇大的。**世界衛生組織已經把強迫症列為全球第十大致殘疾病，它對生活的惡劣影響，被認為已經超過了糖尿病。**

強迫症為甚麼會導致這麼嚴重的後果？對人的損害這麼大？

我們就從它的這些古怪的「衍生病」聊起：

強迫性囤積癖。
性癮症。
搔抓症。
拔毛癖。
「白日夢適應不良」。

第一個強迫症的衍生病：**強迫性囤積癖。**
來看一個故事——

在美國紐約市，消防員把危險建築稱為「科利爾樓」。這個名字出自一棟房子，這個房子的房主是赫莫爾·科利爾和郎利·科利爾這對兄弟。

為了容易記憶，我們在這裏簡稱這對兄弟為大壯和小壯。那麼按這個說法，危樓「科利爾樓」應該稱為「大壯小壯樓」。

為甚麼要將危樓以這倆兄弟的名字來命名呢？我接着往下說，你們就明白了。

1947 年，大壯小壯兄弟被發現死於家中。在他們的房子裏，堆滿了他們收集的多達 140 噸的物件和垃圾。我給大家細數幾樣，聽完以後你肯定會目瞪口呆。都有甚麼呢？手推車、鏽跡斑斑的自行車、存放已久的食物、番薯削皮器、保齡球、人體模型、獨木舟、幾棵折斷了的聖誕樹、一架福特汽車底盤、十四架鋼琴，還有个少裝着他們屎尿的罐子。

這兩個兄弟患上的就是「強迫性囤積癖」，而且跟大多數囤積癖一樣，他們自己並沒有意識到。

大壯和小壯其實非常聰明，也都受過良好的教育。他們都曾在哥倫比亞大學就學。大壯是律師，小壯是工程師。直到後來，他們的母親突然去世，兄弟倆便開始深居簡出，藏在這棟之後非常出名的房子裏，過着隱居的生活。他們囤積了大量物品，並在家裏設置

了種種機關和陷阱，以防止外人入侵。

1947 年 3 月，警方接到一個匿名電話，聲稱在大壯小壯兄弟住的這棟房子裏發現了一具屍體。警方到現場一看，這具屍體不就是大壯嗎？他倒在雜物中，穿着破破爛爛的浴袍，頭埋在膝蓋上。有人推測説，可能是小壯謀殺了自己的哥哥，然後溜之大吉了，反正這兩兄弟平時看着都不像正常人。但是警方還是繼續在房子裏搜索，為了找到更多的線索，他們不得不把兄弟倆積攢的東西一箱箱整理，搬出來。這些東西被存放了太久，很多已經發黴變質，臭氣熏天，把周圍鄰居都吸引來了，有幾百個「吃瓜群眾」圍觀現場。放到我們現在，這必須得直播。

警察的清理工作還在繼續，直到十幾天以後，小壯的屍體才被一個工作人員發現。其實他就躺在離哥哥屍體幾米遠的地方。但由於垃圾太多，挖了這麼多天才發現他。小壯的屍體部分已經腐爛，身上有被老鼠啃噬過的痕跡。三大堆厚厚的報紙擺在屍體上，把他給蓋住了。大壯死前已經由於風濕而癱瘓，而小壯呢，是在給大壯送食的時候，踏上了自己設置的機關，被成堆的垃圾吞沒。而大壯在堅持了幾天後，活活被餓死了。

在強迫性囤積癖中，有一種説法是，患上這種心理病的多是那些心靈受傷破碎之人。比如大壯小壯兄弟，是在父母雙雙離世後，才開始收集物體。收集物體，能讓他們緩解內心的痛苦和恐慌。**物體這時更像是一個有靈魂的人，像是囤積癖者的親人、朋友和守護者。囤積癖者將安全感和依賴的情感紐帶，全都寄託在物體之上。**

於是，只要一整理和扔掉物件，就好比是失戀或者親人去世一般，囤積癖者會感到撕心裂肺般的心痛和割裂。就這樣，東西便愈囤愈多。囤積癖者離群索居，在垃圾的海洋中，宛若一個孤獨的國王，藏在封閉的城堡中，以自己的思路解讀世界。

下面來説第二個強迫症的衍生病：**性癮症。**

顧名思義，「性癮症」就是對性愛上癮，可以說是性愛狂。有心理專家認為，無休止地瀏覽色情網站，或是定期召嫖妓女這樣的行為，都可以看作「性癮症」的表現，它跟強迫症有某些共同點。

來說一個案例——

馬先生，42歲，任某企業中層管理人員。

馬先生早已結婚生子，卻每天都要對着線上色情網站自慰三次以上。公司同事注意到馬先生時常不知所終，有時候內部會議他也不來參加，不知道跑到哪個小黑屋裏去了⋯⋯

每天晚上，等到妻子入睡後，馬先生會偷偷摸摸地爬起來，去書房裏進行例常活動。由於馬先生瀏覽的那些色情網站都是需要收費的，所以他的老婆就慢慢注意到了家裏的這筆開支，發覺了異樣。

於是，有一天晚上，她假裝睡着，等馬先生起身後，偷偷地跟着，看他到底在幹些甚麼⋯⋯結果，這就破案了。

馬先生也知道他這麼做會影響身體、工作還有夫妻感情，甚至自己也覺得這麼做是罪惡的，但就是控制不住自己，他的腦海裏經常被這種沒休沒止的性衝動盤桓、佔據。如果每天不做點甚麼，緩解這種慾望，心裏便難受得要命，整個人都要瘋掉。

接着說第三個衍生病：**搔抓症**。

搔抓症，我覺得可以叫作「擠痘症」，甚至「挖洞症」都不為過。這又是怎麼說的呢？

來看一個案例——

有一天，一個男人心急火燎地將他的妻子送到醫院，他以為妻子是被人槍擊了。因為他下班一回家看到妻子的頸上開了一個大洞，血流不止，好像是彈孔一樣。

經醫生檢查，發現不是這麼回事。原來他的妻子，一直對自己頸上的一顆痘痘念念不忘，時常用指甲去摳它。結果那天，終於忍不住用了大招，用一個鑷子去夾那顆痘痘，一使勁，鑷子一下子穿透了皮膚。她繼續往皮膚下探索，鑽啊鑽啊，鑷子穿透了皮下組織，碰到了肌肉。於是她開始一點點地用鑷子把肉往外扯，直到最後，頸動脈都裸露在外，差一點就被刺穿。好險，如果動脈被穿透的話，等待她的可能就是命喪當場了。

那麼為甚麼這個女人要這麼做呢？因為她患有搔抓症。

搔抓症的患者會強迫性地「對付」身上的「異物」，比如說斑點、疤痕或者突起，他們跟這些異物勢不兩立，如同水火。他們用縫衣針、別針、刀片、起釘器等一切覺得順手的工具來下手。有時一天得持續折騰幾個小時，有時甚至睡着了還會這樣做。

有三分之一的搔抓症患者，會把他們摳下來的東西，吞下去。說一句不太合適的形容吧，簡直是「原湯化原食」。

其實呢，這個患有搔抓症的女人，是個聰明伶俐的職業女性，其他方面都是正常的，只有一條除外，就是她一直認為自己的皮膚充滿了瑕疵，渾身都是問題。於是，她就忍不住地要摳來摳去，這樣一來，反而在她原本光滑的皮膚上，留下了很多疤痕。

搔抓症患者這種總覺得自己皮膚有問題的想法，就是種強迫思維，而忍不住去抓，就是強迫行為。

下一個衍生病，跟搔抓症很像，叫**拔毛癖**。

有此心理疾病的人會拔自己的頭髮，並且嚴重到拔禿的地步，這個一點不誇張，因此他們往往不得不靠戴假髮來掩飾。

拔毛癖患者常常是拔頭髮，但我們大家也知道的，人體上的毛髮不僅僅包括頭髮，所以有時他們也會拔眉毛，拔眼睫毛，拔腋毛，

甚至是拔那個甚麼毛。

但是他們自己對這種行為卻常常是毫無知覺的。有一個嚴重的拔毛癖患者在尋求治療時，説自己先前一點都不知道有這個毛病存在，直到有一次開車時，低頭看了一眼儀錶盤，嚇了一跳，儀錶盤上密密麻麻地鋪了一層自己的頭髮。他不知道這是自己甚麼時候幹的！估計都是他在堵車或者等紅燈時拔的。

有些拔毛癖者會將頭髮吃下去。有一個 34 歲的女人，吃了十來年自己的頭髮，到後來，外科醫生不得不開刀取出她胃中填滿的發球。有時拔毛癖患者吞下的頭髮會穿透胃部，纏繞在腸道裏，甚至有一種專業的術語，來定義這種危險的情況，就是——「長髮公主綜合症」。名字聽起來非常童話化，但實際情況卻會要人命。

拔毛癖患者的強迫思維就是，不允許自己身上有任何毛髮的存在，拔掉毛髮會緩解這種焦慮。

最後一個強迫症的衍生病，叫**「白日夢適應不良」**。

佛洛德説，做白日夢是幼稚的，是神經症的表現。但是現代心理學家和神經科學家認為，白日夢，有時候被稱為無定向思維或者神遊，是一種正常的，甚至可能是有益的人類認知。因為白日夢能在一定程度上滿足人的願望，哪怕只是假裝着過了下癮，也能緩解焦慮。

可不管這白日夢是好是壞，那也有個限度。我們大多數人都可以隨機地打斷白日夢，回到現實世界中。但是，有一部分人，他們發現自己很難不去做白日夢，白日夢也無法打斷，做白日夢已經成了他們的強迫行為，停不下來。

小秋就是「白日夢適應不良」患者中的一員。她把大把時間花在自己創造的幻想世界中，比如，她會在幻想中加入自己喜歡的電視節目，然後在腦海中上演海量的劇集。剛開始還算無傷大雅，後

來情況開始失控。小秋已經很少有「清醒」的時刻了，她的現實世界已經被白日夢佔據——她在夢裏編織了數不清的情節和線索，創造出一代又一代的各種人物。白日夢成了她的強迫思維，接管了她的思想和生活。

有的時候我們責備一個人不切實際，會説：「你是不是活在夢裏啊？」如果這個問題問到了「白日夢適應不良」患者身上，答案可能是：「還真讓你説着了！」

其實在生活中，相關的病症遠遠沒有講完。比如説，你會不會檢查伴侶的內褲，看有沒有性行為的痕跡？如果他單獨外出，你會不會注意他的穿着打扮？如果你檢查和注意的頻率嚴重到一定程度，又停不下來，那麼你很可能是患上了一種叫作「強迫性嫉妒症」的精神疾病。該疾病的患者，為了避免痛苦，他們會想方設法地阻止伴侶出門，以斷絕他們被別人求愛的可能。

那麼為甚麼，這麼多的強迫症衍生病，你都聞所未聞，見所未見呢？是因為他們確實數量稀少嗎？實際上，不是的，**強迫症及其衍生病的常見程度，是自閉症和精神分裂症的兩倍還多。那為甚麼你知之甚少呢？主要在於強迫症有一個「羞辱屬性」**。打個比方，如果你得了感冒或是腸胃不適，你就可以把病痛的詳細情況一五一十地講給別人聽，這根本沒問題，還能換來別人的同情和關心。

但是在強迫症中，尤其是強迫思維的內容，大多是有違倫理的、邪惡的，甚至是殘暴和變態的。你不可能告訴你的鄰居，此刻你腦海裏想的都是弄死她的寵物兔子。抑或，你沒辦法告訴學校裏的同學，你的強迫思維是害怕自己變成老鼠，因此不得不強迫性地檢查身後是否長出了尾巴。

你會怎麼説呢？你甚麼都不會説。

到這裏，就可以解釋，為甚麼強迫症會對人造成這麼大的損害？

　　因為大多數強迫症患者，都恥於向別人暴露自己的病情，覺得想法太邪惡了，太丟人了。「我要是跟別人說了，別人會不會把我當成一個變態和怪物呢？我會被趕出人類社會的，所以還是藏好了，忍着。」

　　於是，長久的壓抑和忍耐，讓病情變得更加嚴重和複雜，有的人甚至會死撐十年，甚至更長時間以後，才開始向外界尋求幫助。而這時，情況已經非常棘手，甚至難以逆轉。可以說，強迫症真是個磨人的大妖精！

　　實際上，這一章的目的，不光是要讓大家開開眼界，了解奇異的病症，更多的，是要讓大家對身邊的強迫症患者有更多的關愛、理解和包容，多鼓勵和支持身邊的強迫症患者們。同時，也提醒那些還藏着掖着的強迫症患者及時就醫，不要恥於自己的想法和病情，要勇敢地迎擊疾病。

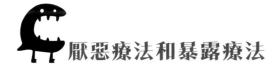

厭惡療法和暴露療法

　　強迫症有兩個治療方法，很多心理疾病，比如跟焦慮有關的社交恐懼症、廣場恐懼症等，也都會用到這兩個療法。可以說，這兩個療法像是萬金油一樣的存在。

　　它們就是厭惡療法和暴露療法。

　　有人說，如果把強迫思維和強迫行為之間的聯結，看作強大的自然力，那麼要打破這種牢固的聯結，就需要超自然的力量了。因為強迫症嚴重時，如果你叫患者不要去做甚麼，還不如叫他們上天，或者用手指放電好了。

　　這種具有「超自然力量」的治療方法——厭惡療法和暴露療法，

到底是甚麼樣子的？它們的原理是甚麼？又是怎樣來治療強迫症的？

先說**厭惡療法**。

在這個療法中，有一樣東西是比較關鍵的存在，那就是「巴甫洛夫的狗」。

蘇聯生理學家巴甫洛夫用狗做了一個著名的實驗。

他牽來一條大狗，在狗面前放一塊肉，狗看到肉以後，開始流口水，這是狗的本能反應。接着，巴甫洛夫又進行了一步操作，就是在狗看到肉的時候，播放一個背景鈴聲。多次實驗後，當撤掉狗面前的肉，而僅僅是播放鈴聲，狗還是會流口水。

巴甫洛夫的這個實驗證明，狗可以學會把食物與鈴聲聯繫起來。在鈴聲與肉反復多次出現以後，即使鈴聲響起後沒有食物出現，狗也會流口水，鈴聲替代了肉的作用。

狗的這種反應，就是非常著名的「條件反射」原理。

那麼條件反射跟強迫症有甚麼關係？

心理學家認為，強迫症患者的那些沒來由的、莫名其妙的，甚至根本說不通的強迫思維和恐慌，現在有了一個合理的解釋——

就是患者在某個情境下，意外地將兩樣東西形成了一個條件反射。

比方說，有的強迫症患者，害怕自己從公共衛生間的馬桶上感染疾病，是因為他可能在過去的某個時候，在去過一個不是很乾淨的公廁之後，恰巧生了一場大病。原本這兩者之間是沒有任何關係的，他卻將這兩者聯繫到一起，形成了條件反射。一想到公共廁所，就覺得自己會身染重病，嚇得不行。之後，他們的強迫行為就是，從此以後避免進入任何公廁，再嚴重點，這個患者可能還會儘量避

免自己出入任何公共場所。

再來説一個比較離奇的條件反射病例。

有個男人發現自己和妻子做愛的時候會陽痿，而且只有在家裏的臥室裏，才會發生這種情況，這就奇怪了。直到他後來有一次接受心理治療的時候，謎團才被解開。原來，這個男人曾經跟一個有丈夫的女人偷情，被對方的丈夫捉姦在床，還被暴打了一頓。而對方家裏的牆紙，恰好和自己臥室裏的完全一樣。痛打讓他產生了條件反射，把性慾與牆紙，以及對暴力的恐懼聯繫在一起，所以一看到家裏的牆紙整個人就不行了。在換過牆紙之後，他就又可以重振雄風了。

因為條件反射的這種奇妙的作用，有心理學家就説了，那我們能不能有意地讓人將不應該有的行為，也就是強迫行為，跟不愉快的經歷聯繫起來呢？因為人都有趨利避害的本能，這樣的話，就可以阻止強迫行為的發生。比如在賭博機上接上電，讓強迫性賭徒，一邊玩一邊被電擊，電擊的痛苦降低他賭博的行為；在酒鬼的酒裏摻進催吐藥，讓他愈喝愈想吐；讓暴飲暴食者一邊聞臭不可聞的臭鼬油（從臭鼬那種動物的臭腺提煉出來的油），一邊眼看着別人做麵包。

於是，這便有了「厭惡療法」。

厭惡療法，就是將需要戒除掉的行為，與不愉快的或者懲罰性的刺激結合起來，通過厭惡性條件反射，來消退強迫行為對患者的吸引力。

厭惡療法最有爭議，或者説也因此而聞名的地方就在於，它很早之前，曾經被心理學家用來治療和矯正同性戀。當時，他們給同性戀男子看男女赤身裸體的照片，如果同性戀男子眼光停留在男性身體上的時間過久，治療師就會電擊他們，讓他們的性慾對象和痛苦掛上聯繫，以此，來矯正同性戀的性取向。

這個現在看起來很荒唐的做法，在當時是比較流行的，因為那時同性戀是違法的，並且被認定為一種精神疾病。

厭惡療法是怎麼治療強迫症的？

心理學家給一位強迫症患者裝上了治療設備，就是在他的指頭上纏了電極。只要他洗手過勤，機器就會感知到，然後釋放電流，這位患者便會遭受電擊的痛苦。這樣，他以後一想到洗手，便會先自動感受到痛苦，也就能打消他洗手的衝動。

接着說另一個療法：**暴露療法**。

暴露療法起源於 20 世紀 50 年代，有一位精神病學家，在哈佛大學也是用狗來做的實驗。這位精神病學家，把一條狗放在一個小房間內，房間中央用一個障礙物隔成了兩塊。我們可以把這個佈置想像成一個乒乓球台。障礙物並不高，狗可以輕易地越過去，從一邊跳到另一邊。房間的地面上鋪着電網。狗在一邊待着的時候，這位精神病學家會讓房間裏的燈閃爍幾次，十秒後，給狗這邊的電網通上電流，狗被電擊後會越過障礙跳到另一邊。

等狗心情平復以後，精神病學家會重複整個過程，先讓燈閃爍，再電擊。成百次地反復進行，直到這條狗形成條件反射，燈一閃，還沒有電擊出現，就跳到房間的另一邊為止。

這就跟之前，狗一聽到鈴聲，還沒看到肉就流口水，是一個道理。

然後有一天，精神病學家把障礙物增高，高到讓狗沒法再跳過去。這時，燈再度閃爍起來，狗一看嚇壞了，趕緊跳，卻跳不過去。當牠發現無法逃脫，以為接下來會發生可怕的事情時，就發起狂來，狗整個都崩潰了。牠來回打轉，往牆上亂抓亂跳，狂吠不止，屁滾尿流。但是精神病學家卻沒有接通電流。因為沒有被電擊，狗漸漸平靜下來。同樣的過程又重複了幾次之後，牠好像忘記了燈光閃爍的恐

懼，也不會再在燈光閃爍時跳過去。「我知道你們都是逗我玩呢！」

狗的這種反應，用一個心理學上的說法叫「漸衰式消除」，就是一點一點地移除你的恐懼。

暴露療法的工作原理就是：先用患者的強迫思維刺激他們，讓他們感到焦躁不安。就如同讓狗看到了燈光閃爍一樣。但是，禁止患者用他們的辦法解決問題，也就是不讓他們做出強迫行為，如同不讓狗跳過障礙物到另一邊去一樣。

這裏，一定要讓患者的焦慮達到頂峰後自己停滯下來。過一段時間後，焦慮感升無可升，就會自己耗盡，而使人平靜下來。一旦患者經歷過這些情況，感到原來焦慮可以自己自行消散，而不需要強迫行為的說明，他們就會像實驗中的狗一樣，不再感到恐懼，會逐漸恢復正常。比如，讓有受污染恐懼的病人去觸摸垃圾，同時不允許他們洗手。

拿前面提到過的李先生來舉例。李先生患有恐懼愛滋病的強迫症。因為愛滋病是靠血液傳播，所以他也會連帶着對血跡產生強迫思維。

我們來看看，李先生是怎樣接受暴露療法的治療的。

這一天，在去見給他做心理治療的醫生之前，李先生剛遭遇了一場「強迫發作」，他的強迫思維又開始入侵了。

因為他小女兒生病，他在醫院陪護了一上午。前一天晚上也沒睡好，哈欠連天，於是他自然地揉起了眼睛。他才揉完，剛把手放下，侵入性的想法就冒了頭：「剛才我手上要是沾了血該怎麼辦？我現在可是在醫院裏，醫院甚麼病菌沒有啊？我碰過了門，碰過了我現在坐着的椅子……哎呀，壞了，在我之前還有誰坐過這把椅子？他們來這裏所為何事？是因為愛滋病而來的嗎？我的天呀，他們是不是也在這椅子上留下了血跡？」

照往常，李先生下一步的強迫行為馬上就要到來，就是反復檢查自己的手，打消焦慮。但今天他沒這麼做，因為他看了眼時間，正好要到下午去見心理醫生的時候了。那就先忍着，把問題都帶過去解決。

見到了心理醫生，李先生馬上開口求助：「我現在就有一個強迫性的想法，不知道該怎麼辦，我剛才揉了眼睛，現在想檢查手指上有沒有血。我剛去過醫院，我害怕椅子上有帶病菌的血跡。」

「請起立，」心理醫生說道，「別看自己的手！」

李先生站了起來。

心理醫生繼續說：「伸出雙臂，高抬。」

李先生照做了。

心理醫生命令：「現在繼續揉眼睛。」

這可不行！李先生心想，壓根辦不到。人們總說精神的力量大於一切，高於物質。思想是人類的武器，我思故我在，這樣的名言看似多麼有道理。但是現在我的思慮卻讓我動彈不得。

李先生舉着雙手不動，呆呆地站在那裏。

心理醫生再次命令道：「現在繼續揉眼睛。」

李先生拒絕：「我做不到，我不要這麼做。」

最後，李先生和心理醫生達成了協定。他不用去揉眼睛，但同時也不允許看自己的手，檢查自己的手。三天後，焦慮才逐漸消失。這三天裏，李先生還得上班、帶女兒玩耍、自己淋浴、洗碗刷盤子、開車等。做所有事情他都絕不會去看自己的手一眼。理智上來說，李先生也明白要是手上有血跡的話，也早就消失不見了，但是去查

看和確認一下的衝動，始終會湧上心頭。而他在抵禦這衝動的時候，好像遇上了世上最難的事，恐懼和執念開始在他的生活中呼風喚雨。這三天，他度日如年。但是有一樣事情在悄然發生，就是我們之前說的，漸衰式消除，焦慮達到頂峰後，接着，在一段時間後自己衰落下來。

這就是李先生治療強迫症的過程和進展。雖然道阻且長，他還需要不斷地加碼，暴露在更大的恐懼中，比如醫生給他安排的，要求他下次如果手再被擦破口子，流血了，就把血塗在他女兒臉上。這對李先生來說，是頂級的恐懼挑戰。這做法看似不可理喻，但在對付頑固強大的強迫症面前，非常手段是在所難免的。

實際上，強迫症的思維大多稀奇古怪，因此暴露療法有時候也會顯得有點可笑。我們來看一個案例——

有位 37 歲的工程師，對精液有強迫性的厭惡，因此只能在自己特地準備的一個無菌房間裏發生性關係。於是心理治療師就刻意讓他去摸佈滿精斑的衣物，平時也要在口袋裏揣上一塊浸滿精液的手絹，沒事就拿出來擦拭物品。聽上去有點噁心，但這是真實情況。

另外有個中年婦女，對動物有強迫性恐懼，她的暴露療法是強迫自己看一隻倉鼠在被窩裏和袋裏鑽來鑽去。

還有一個 29 歲的公務員，我們可以叫他小安。小安的妻子離他而去，跟另外一個男人在一起了，並向他索要孩子的贍養費。在這之後，小安便開始出現強迫思維，腦子裏總是會出現白色的信封，小安覺得信封帶有病毒，會弄髒自己。而這些信封，正是前妻寫信來索要財物時用的。於是，他解決這種受污染心理的辦法就是不斷洗手，每天最多可以洗八九十次。他的手被洗得一碰就破，晚上只能戴手套睡覺。對小安的暴露療法便是，讓他整天躺在白色信封堆裏，在他全身貼滿白色信封，這樣就可以對信封脫敏，不再害怕信封會帶來的實際傷害。

　　暴露療法的關鍵在於，讓小李也好，小安也好，甚至是那些受了十幾年強迫症折磨的人，學到了改變人生的關鍵一課，那便是，曾經讓他們如此恐懼戰慄的事情，他們一輩子心力交瘁要阻止的情況，他們強迫思維中構想出來的恐怖情景，原來根本就不會發生！

第六章

分手
你就要我的命？

反社會人格障礙中的「情殺」真相

2018 年 8 月末，有一個案子終於宣判，被告人以故意殺人罪被一審判處死刑。這個案子就是之前轟動一時的「上海殺妻藏屍案」。

案件發生在 2016 年的 10 月中旬，兇手朱曉東在位於虹口區的家中，與妻子楊儷萍發生爭吵。朱曉東用雙手扼住楊儷萍的頸，將其活活掐死。隨後，駭人聽聞的一幕發生了，朱曉東沒有選擇報警，而是將妻子的屍體藏於冷櫃之中。

在這之後長達 3 個月的時間裏，他一直冒充妻子，通過微信與亡妻的家人和朋友聯繫。直到 2017 年的 2 月初，受害者的父親要過 60 歲大壽。這時，兇手發現，他已經沒有任何理由可以再繼續隱瞞下去了。於是，朱曉東在父母的陪同下向公安機關自首。此時，受害者的父親才知道女兒早已經遇害，並且葬身於冷櫃中達 105 天之久。

　　諸如此類的案子，我們可以稱之為「情殺」。情殺，跟一般的兇殺案比起來，原因更加撲朔迷離、迷霧重重。因為它前後的反差過於巨大。誰都知道愛情是一件美好的東西，那最後為甚麼，卻又以如此慘烈的、悲劇性的結尾收場？這令很多人都百思不得其解。這樣巨大的反差，背後的原因是甚麼？

　　解決以下問題後，我們將會得到答案——

「心理疾病之王」是甚麼？
甚麼是反社會人格障礙？
為甚麼説愛欲本身，就與生死有脱不開的關係？

「心理疾病之王」是甚麼？

　　一提到心理問題，很多人大概只會想到抑鬱症、強迫症等比較耳熟能詳的，有明顯症狀的心理疾病，卻往往忽略一種更嚴重，也更加棘手的心理問題。是甚麼呢？如果説，**把抑鬱症和強迫症比作心理疾病中的感冒的話，那麼人格障礙可以稱得上是癌症，是當之無愧的「心理疾病之王」了！**

　　為甚麼這麼説？

　　人格障礙是在人很小的時候，便埋下病患的種子。可能那時，人承受了某些在那個年紀不應該承受的東西，然後，內心發生了扭曲，就此埋下伏筆。隨着年齡的增長，從外表上是看不出來的，但內心的癥結早已經根深蒂固，難以糾正和改變，患者會無法適應所處的外部世界，並且給周圍的人帶來深深的痛苦或者傷害。

人格障礙甚至都不是以疾病的方式存在的，我覺得有一句詩來形容它，還挺合適的，叫「隨風潛入夜，潤物細無聲」。這麼多年，它隱藏之深，它潛伏之久，最後，在我們青春期，或者成年早期的時候現身，並且持續一生。

人格障礙有十幾種之多，比方說：偏執型人格障礙、分裂型人格障礙、邊緣型人格障礙……

而反社會人格障礙，也是其中一種。

在情殺中，兇手的性格特點，與反社會人格障礙特別吻合。下面，我就結合具體案例，來說一下甚麼是反社會人格障礙，同時也揭開情殺之謎。

 # 為甚麼有人可以隨便傷害別人？

反社會人格障礙的第一個特點：容易衝動，不計較後果。

放到嚴重的情況下來說，會發生甚麼呢？就是**反社會人格障礙者會臨時起意地搶劫和隨機地殺人**。而放在我們生活中來說，你身邊有沒有這樣的人？一貫不負責任，工作說不做就不做了，或者經常無理由地遲到早退，以致最後被開除。有的人，上學時也經常蹺課，不顧可能完不成學業，被留級的後果。

在我們剛才提到的「上海殺妻藏屍案」中，兇手朱曉東在他初二那年，就曾因參與搶劫而被警察當場抓住。初中畢業以後，朱曉東進入職業學校，19歲便離開校園，走入社會，成為某商場的店員。在工作期間，有時，他只是做幾個月便辭職走人，在多家商場間輾轉切換，每一份工作都做不長久，尤其是後來，他還拖着妻子，也就是受害者楊儷萍，辭掉了小學老師的穩定工作。

那麼，為甚麼會出現這種衝動和不計後果的情況呢？

因為，**在我們每個人的體內，其實都存在一個「剎車機制」。這個剎車機制，會對我們的行為產生預判，當它預判到行為的結果可能是不好的，那麼，它就會提前阻止行為的發生。**

而在反社會人格障礙者的體內，這種「剎車機制」是失靈的。 它即使能夠提前預判到結果，也阻止不了甚麼。

這是反社會人格障礙的第一個特點。我們接着説**第二個特點：仇視社會，不知悔改。**

拿情殺來説，有一點我們通常會感到很困惑，別説是兩個曾經相愛過的人，就算是兩個陌生人，甚至是見面份外眼紅的仇人，當發生衝突時，我們都很難下如此狠手，置對方於死地。因為在這個過程中，我們會考慮一個問題，就是在這件事上，我們自己有沒有錯？

而對反社會人格障礙者而言，他們完全不會考慮自己的過錯。

我怎麼會有錯呢？我不僅沒錯，我還美貌與智慧並存，是英雄與俠義的化身，我這是在替天行道！那些被我傷害或者殺害的人，若不是他們説了甚麼，或者做了甚麼，怎麼會落得今天這個下場，一切都是他咎由自取！活該！

所以在「朱曉東殺妻案」中，就有這樣的細節：他解釋説當時為甚麼會動手殺掉妻子，因為跟妻子出去旅遊時沒有訂到滿意的酒店，這讓妻子不滿；後來返程時，他又沒買到高鐵票，妻子又和他吵了一架。在這個過程中，對方一直喋喋不休，抱怨個不停，怎麼勸也沒用，讓他覺得很煩。於是乾脆用手掐住了妻子的頸，讓她閉嘴。言外之意，對方的死，要歸咎於她自己總是在嘮叨個不停。

反社會人格障礙者的**第三個特點：對他人冷漠無情，將他人「物化」。**

「物化」乍一聽我們可能會有一些陌生，但有一個詞你一定很熟悉，那就是「擬人化」。

我們人類其實是一種非常彆扭的動物，能經常給自己整出很多餿主意。

比方說，這裏有一個心理名詞，叫「反人類變體特性」，聽着有些複雜，但是解釋起來非常容易。**「反人類變體特性」，又叫「將人的特徵賜予沒有生命的物體」，也就是所謂的「擬人化」。**

打個比方，寺廟裏有很多神像，比如各種菩薩、四大金剛、玉皇大帝等。這些神像，實際上，只是由一堆普通的磚瓦泥料、木頭、鋼筋等，經人手建造而成。但是，當我們賦予了它們超脫人類力量的意義之後，它們一下子就能「法力無邊，普度眾生」了，你說神奇不神奇？

還有一種操作，正好和「反人類變體特性」，即「擬人化」相反。那就是**「物化」。是說將有生命的個體物體化，實際上是剝奪了人作為人的地位。**

「物化」，這種心理現象，經常出現在大規模的屠殺和戰爭中。

一位日本將領曾說過，在日本發動第二次世界大戰前的侵華戰爭中，日本兵很容易就可以殘忍地屠殺許多中國百姓，「因為我們覺得他們只是東西，不像我們一樣是人」。同樣，納粹對猶太人的種族滅絕行動，在開始時，也是先製作宣傳電影和海報，對德國人進行洗腦，讓德國人將某些人類同類，視為劣等形態的動物，是害蟲，或者貪婪骯髒的鼠輩。

在情殺中，物化的現象也常常出現。當兇手打算舉刀殺害對方的那一瞬間，受害者已經不再是那個曾經與他真實相戀過的，活生生的，有血有肉的人，此時她已經幻化成了一個符號。也就是我們說的「物化」。

這個符號可能象徵着兇手以往的挫敗、童年時期的痛楚、深埋一生的不堪記憶，這些都在此刻被引爆，令他痛苦到無法自持。那麼，此時，他能做的，便只有抹掉這個符號，方能解脫自己。

在我們的日常生活中，**正常人之所以做不到隨便傷害別人，是因為我們能夠感同身受對方的痛苦，這叫同理心，或者同情心。**傷害對方就如同在傷害自己。**但是反社會人格障礙者就體會不到別人的痛苦，他們對此很麻木，因為他們已經將對方「物化」，你不可能因為傷害一個物體，而內心受到觸動。**所以，也就沒有所謂的良心受譴責，或者負疚感一說。有一句話，是這麼説的：你的良心不會痛嗎？——不會，因為，沒有良心。

「朱曉東殺妻案」中，還有一個細節，朱曉東事後將妻子的屍體放進冰櫃冷凍，遺體在零下十幾攝氏度的冰櫃裏凍了 3 個多月之久，最後，皮膚組織嚴重受損，全身發黑，可以説是慘不忍睹。而這個冰櫃之前是用來存放兇手所養的寵物蛇與蜥蜴的口糧，即老鼠的屍體的。所以，可以證明，在朱曉東眼中，他的妻子早已經被「物化」了，跟寵物的食物做同等地位看待。

而且，在妻子遇害後一周，朱曉東便帶着各種女人四處旅遊、開房，花天酒地、肆意消費，透支信用卡。可見，他也沒有絲毫愧疚之感和罪惡感，沒有良心。

反社會人格障礙的最後一個特點是充滿魅力。跟我們通常想像的猥瑣和兇神惡煞的形象不一樣的是，反社會人格障礙者，大多數都長得很帥。為甚麼説長得帥？因為反社會人格障礙者基本上都是男性。他們通常能言善辯、風度翩翩、英俊瀟灑又風流倜儻，這樣，才能吸引到別人來到他們身邊。

據了解，在 2007 年的時候，那時剛滿 20 歲的朱曉東曾報名參加了電視台的歌唱類選秀節目，而且他還是那年中性風格的代表選手，被粉絲們視為「王子」。當時有一句話是這麼形容他的，在他「乾淨得讓人心動的臉龐和純淨如初的眼神」中，不少女孩為之心醉。

　　反社會人格障礙者為甚麼會有如此大的魅力？這大概就跟有毒的植物通常色彩都很鮮豔是一個道理吧。

　　最後，對於情殺的解釋，從另外一種精神分析的深層次角度來說，其實，愛欲本身，就與生死有脱不開的關係。

　　愛欲與生死，是互相糾纏不清、犬牙交錯的。打個比方，生命是怎麼誕生的？是要做愛。有一句詩來形容這個過程還挺合適的，叫「一將功成萬骨枯」。是説，一個將帥的成功，是靠犧牲成千上萬人的性命換來的。而一個生命的誕生，也就意味着無數的精子死去。

　　再比方説，雄蜂在與蜂后交配後，不久死去；雄螳螂則在交配完成時，被雌螳螂吃掉，作為為後代儲備的食物和營養，佛洛德將這一現象解釋為愛欲的耗竭。他認為，愛欲有時甚至會加速人的死亡。

　　所以，當一個人陷入瘋狂的愛跟佔有的時候，他們通常會用極端的生與死的方式來表達。

 如何避免反社會人格障礙者的糾纏和傷害？

　　如果我們在現實生活中，遇到了反社會人格障礙者，該如何避免被他們糾纏與傷害呢？

　　這裏給出兩條建議：

　　第一條，你可以通過剛才我所説的反社會人格障礙的特點，來迅速對這個人做出判斷，進而提前遠離他。

第二條，如果提前遠離已經來不及，那麼有效的措施就是：直接而委婉地拒絕。

這個説法看似有些矛盾，直接和委婉本身就不能兼顧吧？

但這裏説的「直接」，是指直接表達自己拒絕的態度，而不要不好意思、猶豫、怯懦，或者給對方造成若即若離的錯覺。這種遲疑的拒絕態度，會讓對方覺得自己可能被愚弄，進而更加生氣。

而「委婉」，是指在果斷拒絕的同時，要講究策略和戰術。這裏，有一種心理學上的效應，叫貼標籤效應：當一個人被貼上一種詞語、名稱標籤時，他就會做出自我印象管理，使自己的行為與所貼的標籤內容相一致。

也就是説，當你把對方標榜成某一種人的時候，無論他是否真是這樣的人，他都會在短時間裏變成這樣的人，或者朝這個方向去努力。這個效應可以作為一種定身術，或者障眼法，為你所用。

打個比方説，當你拒絕對方的同時，你可以給對方貼上這樣一個標籤：「一看大哥你就是英雄與俠義的化身，是道上混的人，有江湖規矩，是個仗義的人，絕不會為難我這種人。不僅不會為難，根據你的為人和勢力，以後還會多多關照着我。因為你就是如此義薄雲天之士！」諸如此類的標籤，會讓反社會人格者愉快地接受被拒絕，陷入短時間的蒙蔽大意狀態，你便可趁此機會想辦法全身而退。

第七章

如何讓你在短時間內擁有天才的記憶能力

神奇的記憶宮殿

　　有一種非常實用的心理學技能，將徹底拉近你與「天才」和「大師」間的距離。它就是記憶宮殿技術。

　　我們都見識過擁有超凡記憶能力之人的精彩表現，比方說，他們能在短時間內記憶大量無意義的內容，正着複述或倒着複述都沒問題，而且經久不忘，時隔幾周，幾個月，甚至幾年以後再讓他們複述，也能記憶猶新，絲毫不差。正是因為這些表現太驚人了，才讓我們覺得自己這種凡夫俗子，跟這些記憶天才的距離相去甚遠，永遠不可能擁有那樣出神入化、歎為觀止的神技。

　　然而實際上呢，並不是這樣的。普通人在經過訓練後，也能擁有接近天才般的記憶能力。

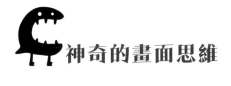

神奇的畫面思維

其實所有神奇記憶術的背後，都有一個秘密，只要你掌握了這個秘密，你便能擁有之前不敢想的記憶能力。**這個秘密就是「畫面思維」，是說在記憶一系列資訊時，將其中的數位、語言、文字等其他思維方式的資訊，通通轉化成圖像來記憶。**我們身邊的記憶大師，之所以能成為大師，是因為，他們能夠將記憶的內容想像成豐富多彩的各種圖像。

「畫面思維」更多的是出現在自閉症天才身上，比如說電影《手足情未了》裏所表現的那樣，當整盒火柴在「雨人」面前掉落時，他僅憑一兩眼，便能精準地報出火柴的數目。還有像「人肉照相機」這樣的自閉症天才，僅憑着回憶，便能畫出整座城市的龐大佈局和微小細節。

在這裏，我們就來學習一下這個自閉症天才的「畫面思維」，用到的就是「記憶宮殿技術」。看完以下的內容，不僅你自己可以記憶力超群，還可以幫助身邊的人也變成「記憶大師」。

探索記憶宮殿

這是一份清單，共計 15 項內容，實際上它們誰跟誰都不挨着，記憶起來有難度，這 15 項內容分別是：

蒜蓉辣醬
士多啤梨味乳酪
炭熏臘肉
6 瓶啤酒
襪子（3 雙）

3 個呼啦圈

通氣管

豆漿機

給小戴發郵件

肉色絲襪

找一部京劇《桃園三結義》

躺椅

擴音喇叭

繩子

氣壓計

　　現在我們啟動記憶宮殿技術，看看怎麼能把這 15 項內容順利記憶下來。

　　首先我們必須明白一點，人類的空間學習能力是非常強大的。

　　舉個例子，如果哪天讓你在他人的家裏單獨待上 5 分鐘，而在這之前你從來沒有來過他家。這個時候，你肯定是神采奕奕，對這座房子充滿了好奇的。想像一下，在這短暫的 5 分鐘時間內，你能記住多少關於這個人的家的資訊？

　　你不僅能記住不同房間的位置，哪一間與哪一間是挨着的，還能記住這些房間的大小和裝飾，還有裏面的擺設、房間窗戶位置……在你還沒有意識到的時候，你就能記住上百件物品的擺放位置和所有物品的大小尺寸。你甚至都沒有意識到自己在觀察這些物品。如果把這些進入你大腦的所有資訊放在一起，都可以寫成一部短篇小説了。但是，人們從來不會把這種空間記憶力當成自己的記憶成就，人類只是在無意識地大量吸收着這些空間資訊。

　　如此説來，我們的記憶宮殿技術的第一步，也是關鍵的一步，是要選擇一座自己最熟悉的「宮殿」。

　　我建議各位把從小住到大的，或者是你住得最久的家當作你的

第一座記憶宮殿，因為你對它肯定很熟悉。之後，我們會把清單上的 15 項內容圍繞這座房子的一條路線，一項一項地擺放出來。在回憶這些內容時，你只需要在想像中把剛才的路線重新走一遍，需要記憶的東西便會從你腦袋裏自動蹦出來。

我們這裏假設記憶宮殿是這樣的，它是一棟樓房，有電梯。

我們就從這棟樓的一樓大廳說起。現在，把眼睛閉上，盡可能地聯想這樣一個情景：

一瓶一人高的蒜蓉辣醬驕傲地立在一樓的大廳中央。（第一個需要記憶的物品是蒜蓉辣醬。）

能聯想到的細節愈多愈好。你要用你的多感官來記憶這個場景，這很重要。在記憶一條資訊的時候，你聯想的東西愈多，這條資訊就能越牢固地織入已存儲的資訊網中，你也就愈不容易忘記。所以你得盡可能地聯想蒜蓉辣醬的味道，然後再把這種味道誇大一點，想像一下自己正在吃蒜蓉辣醬，你的舌頭要真正地感覺到它的滋味。是大蒜味的，辣的。

這時，你的大腦中已經有了一幅關於蒜蓉辣醬的多感官畫面。現在我們繼續往前走，進入電梯，然後開始想像把清單上的第二項放在電梯裏。這一項是士多啤梨味乳酪。現在你閉上眼睛，想像出一個浴缸，裏面充滿了士多啤梨味的乳酪……

這裏要提到一個說法，也是郭德綱的相聲裏經常出現的，叫作「一想之美」，每個人的審美不一樣，你閉上眼睛後，能想到的最漂亮最美最帥的人，就叫一想之美。現在你想像出這樣一個人，他正赤身裸體地在這個滿是士多啤梨味乳酪的浴缸裏洗澡。我想像的是吳彥祖，乳酪正從他的身上慢慢滴落……

這麼做絕非只是為了好玩，而是有原因的。

　　在建造記憶宮殿的時候，要盡可能地有趣一些、粗俗一些、奇特一些。因為日常生活中的大部分事情都很瑣碎普通，沒有甚麼特別之處，記憶起來就很困難。而大腦很容易被新奇的和令人意想不到的東西所刺激。如果我們見到，或聽到甚麼特別粗俗的東西，或者一些稀奇古怪、匪夷所思、不同尋常、令人捧腹的東西，就會很容易牢牢地記住它們，而且很長一段時間都不會忘。

　　這是因為，經過進化後，人類對兩種事物最感興趣，同時也記得最牢，那就是笑話和性行為，尤其是與性行為有關的笑話。如果你想快速記住一些東西，那就把世界上最漂亮的女人，或者男人，和你要記的東西聯繫起來，美色通常有着驚人的喚起記憶的力量。

　　從這一點上來說，其實，世界記憶力大賽，比的不是記憶力，而是想像力。

　　現在集中注意力，電梯已到達你家這一層。我們出了電梯，走進了你家，想像一下，你要向左拐進一個房間，這是你家的客廳，客廳裏有鋼琴和沙發。

　　第三項要放的東西是炭熏臘肉。接下來我們想像，在鋼琴的琴弦下有很多燃燒的木炭，琴弦上有一條豬腿。哇……你聞到香味了嗎？這就是把你們家的鋼琴琴弦當成燒烤架，來放這塊炭熏臘肉，試着嘗一口，味道還真不錯。

　　清單的下一項是 6 瓶啤酒。那就放在沙發上好了。現在，把這 6 瓶啤酒擬人化。因為與沒有生命的圖像相比，人們更容易記住有生命的圖像。你可以想像這 6 瓶啤酒正聚在一起討論各自的優缺點。

　　比如說，雪花啤酒跟青島啤酒說：「你口感不行，沒有我的柔和。」青島啤酒反駁道：「你還沒有我的純正呢。」哈爾濱啤酒在一旁插話：「我更醇厚爽口。」雪花和青島啤酒一齊轉過頭來跟它說：「你一邊涼快去！」

那麼，為甚麼這 6 個擬人化了的傲慢酒瓶會比「6 瓶啤酒」更容易記住呢？

首先，與簡單閱讀「6 瓶啤酒」這幾個字相比，想像出這樣奇怪的場景，需要花費更多的精力。而在消耗這種精力的過程中，大腦中的神經元就會形成更多穩固的聯繫，這些神經元又可以解碼記憶。

另一個更重要的原因，先思考下面的問題：

在上周吃過的所有午飯中，你能記起來的有幾次？今天的午飯吃的是甚麼，你還記得嗎？我想你還記得。但是昨天的午飯吃的是甚麼呢？這就要回想一下才能記起來了。然後，前天吃的午飯呢？一周之前的午飯呢？一個月之前的午飯呢？你肯定想不起來了吧！

這並不是說，關於上周午飯的記憶在你大腦中消失了，而是你的大腦把這些午餐同其他所有午餐混在了一起。如果給你提供正確的暗示，比如說，吃飯的地點，或者和你一起吃飯的人，你肯定就能記起來了。

在我們試圖回憶一個隱藏在某個記憶類別中的事物時，大量的記憶開始相互競爭，目的就是贏得我們的注意力。你對周三的午餐的記憶並沒有消失，而是沒有利用正確的「魚餌」，把這頓午餐從一片午餐記憶之海中「釣」出來。

一旦一瓶酒可以說話，它在你的記憶之海中就變得奇特無比，於是就再也沒有甚麼競爭者了。它贏了。

繼續，接下來我們要記憶的是 3 雙襪子。我們可以把它們掛在你們家的台燈上。

現在，有兩種辦法可以讓這 3 雙襪子吸引我們的注意力。一種辦法是讓它們奇臭無比。另一種辦法是利用「魔幻現實主義」。你選哪一種？

我建議還是選第二種吧，因為炭熏臘肉已經把你們家搞得都是味道了。

我們開始「魔幻現實主義」，現在你想像一下，這 3 雙襪子在那個檯燈旁邊掛着，但它們一刻也沒有消停。因為在每只襪子裏都藏着一個幽靈，這些幽靈一會兒把襪子拉得很長，一會兒又在裏面使勁地撕扯襪子。你的大腦裏要真實顯現出這樣的情景。最後試着感受一下，藏着幽靈的襪子突然飛起，直奔你而來，撞在了你臉上。那柔軟的棉質觸感磨蹭着你的前額……

繼續，接下來輪到甚麼了？ 3 個呼啦圈，通氣管，還有一台豆漿機。

我是這樣安排的：你來到一個臥室，看到三個姨媽正在轉呼啦圈，由於她們太胖了，呼啦圈都卡住了；在另一間臥室，你爸爸正戴着一個通氣管把頭潛在魚缸裏。廚房裏，一台豆漿機在呼呼作響，大聲喊累。

接下來，該給小戴發郵件。發郵件……這該想像甚麼樣的場景呢？

這個是有點難度。發郵件這件事本身就很難記住，愈是抽象的詞語，愈不容易記憶，我們需要在一定程度上把它具體化。我建議各位把它想像成一個人妖在發郵件。能想像出來嗎？然後把這個人妖與小戴聯繫起來。聽到「小戴」這個詞的時候，你首先會聯想到甚麼？

開頭字母是大寫的 D，那正好我們就選蒂塔・萬提斯（Dita Von Teese），她名字首寫字母也是 D，同時她還是一位着名的脫衣舞娘，這下多少就跟人妖聯繫上了。

我們繼續想像，下一項是肉色絲襪，把它安到蒂塔・萬提斯這個脫衣舞娘身上好了，她穿着一雙肉色絲襪。

接着是找一部京劇《桃園三結義》。我們把這個「京劇」放在家裏的一個壁龕裏，那裏正好供着一個關公。關公拜關公，就是「發起狠來我連自己都拜」，很好記憶。

接下來需要記憶的是：

躺椅
擴音喇叭
繩子
氣壓計

接着我們來到陽台，那裏放着一個躺椅，你媽媽正躺在上面，拿着擴音喇叭朝你說個不停，聲音震耳欲聾，響徹天際。你受不了了，拿了根繩子，從樓上順着爬了下去。待你落地以後，你拿出一個氣壓計，想測測這壓抑的氛圍中壓力是有多大！

到這裏，所有需要記憶的內容就全部安放完畢。現在，你可以沿着你建好的這座記憶宮殿的路線尋找這些記憶。在你走過放置記憶的地點時，記憶就會跳出來。

你可以試一下，再次閉上眼睛，想像自己站在一樓大廳裏，之前在這裏放了一大瓶蒜蓉辣醬，現在它就在那兒。繼續往前走，進到電梯裏，看見吳彥祖正坐在一個盛滿士多啤梨味乳的浴缸裏，拿起一塊海綿擦拭身體……電梯到了，你進家了。進門後向左走，聞到了一股熏臘肉的味道。在鋼琴琴弦上放着一條炭熏豬腿。你還聽到那些傲慢的啤酒在沙發上高談闊論，感覺到掛在檯燈旁邊的 3 雙襪子向你飛來，撞擊着你的前額……

是不是全部記憶起來了？

不過，有人擔心，這次記憶能持續多久呢？一周以後，還會記得這份清單上的內容嗎？

　　實際上，一周以後，這些狂歡般的新奇場景仍然會對你的大腦產生強烈的衝擊。這些留下深刻記憶的圖像，在你的大腦中停留的時間會遠遠超出你的預期！

　　今天晚上和明天下午把你記憶宮殿裏的這條路線再走一遍，如果有可能，一周之後再來一遍，那這張清單上的內容就能夠真正長久地印刻在你的腦海中了。

　　練習完這 15 項內容之後，我們就可以嘗試記憶 150 項內容，甚至 1500 項內容，挑戰更大的記憶宮殿！

　　就這樣，你便逐步擁有了超人的記憶能力！

第八章

時間
也擺脫不了的陰影

創傷後遺症

　　有一句我們經常說的話，叫「時間會帶走一切痛苦，也會撫平一切創傷」。

　　然而現實情況卻是，時間並不會帶走一切傷痛，比如說創傷後遺症。或者你也可以這樣理解，**如果你內心的傷痛連時間都解決不了的話，那就說明，你很有可能患上了創傷後遺症。**

　　有的人說，我失戀了，那麼難過，心如刀絞，這肯定就是一種創傷後遺症，事實是這樣嗎？

　　接下來我們具體講講連時間這把殺豬刀都拿它沒辦法的創傷後遺症，同時解決我們對這個心理疾病理解的很多謬誤。

　　需要解決的問題有以下這些——

創傷後遺症是怎樣的？是不是只是傷心這麼簡單？

失戀是創傷後遺症嗎？

創傷後遺症的存在揭開了人類一個彌天大謊，那麼這個巨大的謊言是甚麼？

永不停歇的「往日重現」

創傷後遺症有一個很經典的症狀：閃回。注意是閃回，不是閃靈，不是庫柏力克的那部恐怖電影。但是這個「閃回」，比那部電影還要恐怖。

閃回，學名又叫作「侵入性被迫再度體驗創傷」，說文藝一點，就是「往日重現」。

有時候，**人會在無法控制的情況下回憶起曾經發生的事，再度「身臨其境」，這個時候，思想、感覺、影像和記憶，一股腦地侵入到意識之中，驚惶、恐懼、悲痛和絕望也隨之席捲而來。**

有一個曾經經歷過納粹大屠殺的人在自傳裏寫道，戰爭結束 20 年之後，他仍然能夢到自己重新回到奧斯威辛集中營中，看到同伴們再一次被一一絞死，自己也再一次從磨刀霍霍的納粹黨衛兵手下驚險逃亡。

這個就是「閃回」。

閃回不僅歷久彌新，經得起時間的考驗，而且還不分場合時間，說來就來。不管你是在工作中，還是在休息時，過去那不堪的一幕，猝不及防從天而降，像是被電擊了一般，你再次置身其中。

舉個例子，有一個男人和朋友們乘遊艇出海釣魚，不料，意外發生，遊艇與另一艘船相撞，隨後撞沉，這個男人僥倖生還，但他的朋友們卻都在這次事故中不幸喪生。從這以後，他一直被愧疚折磨，認為自己沒有盡最大努力去救朋友。他難以成眠，常回憶起當時發生的事。

幾個月後的一天，他乘車外出，在車行駛至一座橋上時，他看見橋下河流反射出的粼粼波光，可怕的閃回如鬼魅般悄然而至，他覺得自己又回到了那被命運折磨的時刻——四周都是水和因為溺水導致肺部不斷產生的氣泡，他與朋友們的屍體都浮在水中⋯⋯這時他的一個朋友轉過頭來，口鼻冒着鮮血，兩眼無神地看着他⋯⋯

幾個小時後，這個男人才緩了過來，顫抖着重新回到了現實世界。

外界的任何刺激，如影像、聲音、氣味、環境和人物等，都會誘使「閃回」的發生，把人重新帶回創傷那一刻。比如一位有戰爭後創傷後遺症的士兵，退伍後做搬運包裹的工作。有一天，他看到一張包裝紙上的圖案後，突然閃回發作，他喃喃自語：「這就是我在戰場上看到的那個爆炸了的嬰兒。你看！在正中間就是那些燒焦的肉，這裏是傷口，還有血噴得到處都是。」這位退伍老兵喘息着，雙目圓瞪，汗如雨下，渾身肌肉緊繃，不住地打戰⋯⋯他見到了和幾年前戰爭中同樣的場景，聞到了同樣的氣味，甚至感受到了同樣的感覺——當年，他絕望地抱着一個死嬰。

 只做同一個夢

各位有沒有不停地、重複地做一個夢的時候？

有一個創傷後遺症患者曾跟心理醫生反映過，說有一段時間，每天晚上都夢到自己被人追殺，然後在將要被殺掉的那一刻驚醒。

這說明了甚麼？

在一段時間內做反復出現的夢，實際上是一種創傷後遺的體現。這在心理學上有個説法，叫「重複性強迫衝動」。重複性強迫衝動，似乎很難用意志來控制，抗拒改變的力量也很強烈，也就是説，你想不做這個夢都做不到。而那個反復做自己被殺掉的夢的人，那段日子，確實是他人生中最難挨的時光之一。他事業慘敗，又面臨着家庭的支離破碎、生離死別。

所以，**心理學家認為，不停地反反復復做同一個夢，意味着一種身體自發地想要痊癒，卻徒勞無功的企圖。**

也就是説，大腦一遍一遍地重播某段特定記憶，其實是在試圖改寫其中某段創傷的經歷。

這就好比打遊戲，過關相當於「心理痊癒」，那麼在你過關之前，在任何一個環節死掉，你都不甘心，試圖一遍一遍重來，直到到達目的地。

處於創傷後遺狀態（受了傷）的人，他們把強迫性的重複，當作一個機會，一個試圖讓自己重新掌控局面的機會。

也就是我們説的，如果一切重來，我會怎樣——如果一切重來，我不會跟他去游泳，這樣他就不會溺水了；如果一切重來，我會好好經營我們的感情，這樣我們就不會分手了……

但是現實問題是，發生過的事不可能再重來，哪怕你做出再多嘗試和努力，也無濟於事，所以你才會不斷在夢（潛意識）裏掙扎。

重複做同一個夢，是心靈受傷的標誌。

躲避刺激源

受過傷的人，會刻意迴避跟創傷經歷有關的任何「刺激源」，比如某些想法、感覺、人、對話、情景和活動。

舉個例子——

小張正懷着第三個孩子，卻在預產期之前開始宮縮，被緊急送入醫院。她在分娩時遭遇大出血，時而清醒，時而昏迷，恍惚中好像聽到一個聲音説：「我覺得她已經死了。」然後小張就徹底昏過去了。第二天醒來的時候，她以為自己的孩子死了。但隨後她意識到孩子還活着，正躺在她身側。

在接下來的幾周內，小張開始刻意迴避，努力阻止自己回想起分娩時的痛苦。她會刻意避開任何跟「懷孕」有關的事物——有益於懷孕的食物不吃，甚至是象徵性的都不行，比如大棗、花生、桂圓、瓜子；和正在懷孕的好友斷絕來往；在街上看到有女人帶着小孩，立刻扭頭就走。

身體是很誠實的

也就是説，在經歷了創傷事件的浩劫後，哪怕嘴上説沒事，「扶我起來，我還能支撐下去」，但是身體卻是瞞不住的。

每個創傷後遺症者，都必不可免地出現身體上的症狀——

心跳加速、呼吸急促、冒冷汗；

睡眠品質很糟，常受失眠和噩夢的困擾；

情緒不穩，容易暴怒；

常常過度警覺，神經兮兮；

有的人甚至會出現幻覺。

有一位經歷過 2005 年倫敦地鐵爆炸案的倖存者描述，雖然爆炸已經過去好幾年，但他現在乘坐地鐵上下班的時候，仍會保持高度的警惕。他要確保自己一定坐在列車的前端或末端，因為他知道，如果出了意外，那是救援人員最先到達的區域。他也知道哪列車更接近地面，哪列車的隧道更寬。

為甚麼要區分這個呢？

他解釋說，隧道愈深，也就愈窄，就像蟲洞一樣。如果爆炸發生在狹窄的隧道，那麼列車就會向內爆炸。而如果爆炸是發生於較為寬闊的隧道，那麼列車就會向外爆炸，他便可能還有逃生的機會。

有一次，在乘坐地鐵時，旁邊一名乘客的電腦掉到地上，發出「嘭」的一聲響，他立即從椅子上跳了起來，抱頭就跑……不管他在心裏安慰了自己多少次，身體還是會下意識地做出真實的反應。

 **人格解體**

小羅是一位職業女性，秋日的一天，她驅車趕往隔壁城市參加朋友的婚禮。突然高速公路上起了大霧，能見度不超過 5 米。小羅立刻踩下剎車、猛打方向盤，來躲避前方突然停下的一輛大卡車。緊接着，一輛十八輪的貨櫃車與她的車擦身而過。幾輛大車撞在一起。人們從車裏爬出來逃生時，又被別的車撞上。一時間，剎車聲和撞擊聲不絕於耳。每一下撞擊，小羅都覺得自己要死了。她被困

在 87 輛連環車禍中的第 13 輛車中，也是為數不多的倖存者之一。

當車禍發生以後，小羅曾想掙扎着打開車門和車窗，但是被卡住了。這時，旁邊的一輛私家車着起火來，一個女孩被困在裏面驚聲哭喊：「救我出來，我着火了！」小羅隔着車窗看着這一幕，眼睜睜地看着這個女孩被火焰吞沒。後來，一個貨車司機拿着滅火器，打碎了小羅汽車的風擋玻璃，想把她救出來。當他將手伸向小羅時，發現小羅呆呆地坐在座位上，兩眼無神又空洞地望着前方……

在小羅身上，便完美地體現了創傷後遺症的這個表現——人格解體。她的思維一片空白，大腦中幾乎所有的部位都停止了活動，她的心跳和血壓也沒有明顯上升。當問到她甚麼感覺時，她說甚麼都感覺不到。

人格解體，就是創傷導致的一種強烈的脫離現實的感覺。有的患者說，當災難發生時，他們的人格開始解體，感覺自己變成了一個旁觀者，而不是當事人。身體還留在原地，但靈魂已飛升而上，好像被掛在空中，用上帝視角看着發生的一切。

還有的人說，感覺世界是奇怪的、陌生的，像夢一樣。物品有時候好像變小了，有時候是扁的。聲音好像從很遠的地方傳來……情緒也好像發生了變化。他們說既感覺不到痛苦，也感覺不到愉快，好像變成了一個自己都不認識的陌生人。

這種現象告訴我們，自我可以遠離軀體，像幽靈一般獨自存在。

剛才所講的這些呢，就是創傷後遺症的樣子，顯然並不僅僅是傷心那麼簡單。

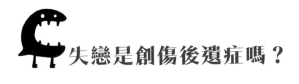
失戀是創傷後遺症嗎？

我們根據剛才講過的症狀，逐條對照一下。

要說「閃回」，失戀以後確實會控制不住，在腦海中經常出現對方的影子，包括分手那一刻的情景，愈想愈傷心。

接着是「重複做夢」，這個也吻合，連着好幾天晚上夢到對方，可能在夢裏你們還是好好的、幸福甜蜜的，但夢一醒，虛幻一場，現實還是那樣殘酷。

再者，是「躲避刺激源」，看樣子這個也是存在的，是不是你們過去常一起去的地方，你不敢一個人再去了？以前有共同回憶的物件，你也都儘量處理掉，就怕觸景傷情。

接下來是「身體的反應」，有人說我失戀後可是瘦了 20 磅呢，而且你說的那些身體反應我都有，比如睡眠品質很糟，常常失眠，做噩夢；情緒不穩，容易暴怒；有時候甚至會出現幻覺，我總能聽到他（她）在喊我。那麼這一條症狀也算符合。

最後一點，「人格解體」。有人說，人格解體這個症狀我也有，失戀以後總覺得身體很麻木，彷彿頸以下的部分不是自己的，我覺得自己像個「活死人」。我也會看電視，但並不是真的在看，只是木然地盯着螢幕，靈魂早已出竅。

症狀到此對照完畢，看來，失戀真的是一場創傷後遺症。但是慢着，還有一個關鍵的標準你沒有參考，那就是時間。通常失戀過後的反應是很像創傷後遺症，說是一場小型的創傷後遺症也不過分。只是它持續不了那麼久，一般 3 個月是一個節點，算是失戀的平均恢復時間。也就是說，過了 3 個月，哪怕你還在為情所傷，但程度已經不可同日而語了，你已經可以恢復正常的生活了。

所以説，**失戀算不算是創傷後遺症，關鍵在於看它持續的時間。** 如果你一直沒有辦法從那些症狀中走出來，那麼就可以認定你這場失戀，是給你造成了創傷後遺症。

 # 人類的彌天大謊

剛才説過的創傷後遺症的種種症狀，無不在説明一個問題：

人類在災難降臨以後，是如此錯愕和難以招架，好像之前並不知道自己還會受傷一樣。

為甚麼會是這個樣子？

因為人類一直活在自己虛構的「假設世界」中，這便是人類為自己撒的彌天大謊。

那麼我們假設了甚麼？

第一，我們認為世界是友善的，常常會高估自己的好運，認為好事會無緣無故地發生在我們身上。所以我們每天早晨睜開眼睛的時候，都會期待「今天肯定是元氣滿滿的一天」！

第二，我們認為世界上的一切事物都是有意義的，是可控制和可預測的，而且也是公平的：好人一定會遇到好事，壞人一定會受到懲罰。如果我們努力工作、做正確的事、吃健康的食物，我們就能活得很好。

第三，我們總喜歡過於樂觀地看待自己。認為即使厄運降臨，怎麼也輪不到自己頭上，因為自己沒做過甚麼壞事。

然而現實情況是，人類是非常脆弱的生物，死亡總在伺機待發，這是我們出於本能不願接受的殘酷真相。所以我們在心中為自己構建起了這個「假設世界」，把對生命脆弱的恐懼阻擋在外。

那麼，**創傷後遺症的原因**又是甚麼？

通常解釋這個問題，都會説到一個原因：**條件反射原理**。

這是説，我們跟創傷發生時的某個情景（比如説，特殊的聲音、顏色或者氣味）產生了條件反射，那麼日後再遇到類似的情景，條件反射便被觸發，就會讓往日的痛苦重現。

比方説，有這樣一個例子——

一個 20 歲出頭的年輕女孩，有一天，她正和男朋友在一家快餐店用餐。一切都很正常，直到男朋友拿起裝番茄醬的瓶子。番茄醬很稀，她男朋友沒有掌握好力度，擠的時候一下子濺出來，濺到這個女孩面前。女孩突然呆住了，然後崩潰地大哭起來。

原來，這個女孩很早之前，曾經在掛着紅色窗簾的房間裏被性侵過。當時，她死死地盯着窗簾，盯着上面的顏色和圖案。今天，她早已學會了如何控制自己的情緒，在一般情況下，都能從容應對。但有時，也會遇到意外情況，比如這次快餐店裏發生的事，突如其來的「紅色」，讓當年的創傷記憶如潮水一般湧上她的心頭，整個人失去了控制。

以上便是創傷後遺症最常見最普通的解釋。接下來我們聊一聊那些更刺激、更有趣、更詭異，也更不為人知的創傷後遺症的原因。

要解決的問題如下——

甚麼是「強直靜止」？

「強直靜止」是怎樣導致人們患上創傷後遺症？

除了「亡靈」以外，還有甚麼東西需要被「超渡」？

把這些問題都解決明白了，各位也朝着「心理學行家」的方向，又前進了一步！

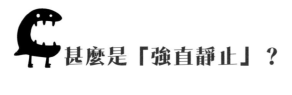 甚麼是「強直靜止」？

「強直靜止」對很多人來說，都太陌生了。我來舉一個例子，假設一種情況，有一天，你剛看完電影，從戲院出來，走到街上。這時，突然傳來一聲巨大的碰撞聲，有兩輛車在離你不到 50 米的地方相撞。其中一輛車失去控制，向你疾駛而來。這時，你會做出甚麼反應？

有人說，我會嗖的一下子原地騰空而起，快速躲閃。

那麼我可不可以讓你，不帶科幻色彩地，再好好想一下呢？

沒錯，其實在這種情況下，絕大多數人的反應都是原地呆住不動，像被嚇傻了一樣。

為甚麼會這樣呢？

這就不得不說一說，我們大腦的運作原理了。

我們的大腦有一套自主神經系統，分為兩個部分：交感神經系統和副交感神經系統。

交感神經系統就像身體的加速器。當人遇到極大壓力時，身體就會發生諸多變化，比如說：瞳孔放大、心跳加速、呼吸急促、血

流速度提高，把血液供往能讓人快速行動的肌肉組織；身體溫度降下來（手心發涼），皮膚變白（沒血了，都跑到肌肉上去了），脂肪轉化為能量，體內激素水準上升，肌肉緊繃，膀胱被清空（以防不測）。此時身體準備好行動了，隨時可以戰鬥或者跑路。

但是，如果我們既不能戰鬥，也不能逃跑，就只好束手投降。這時候，副交感神經系統將被喚起，心跳和呼吸頻率會變慢，血壓會降低，同時，感覺系統開始變得麻木，感覺不到痛苦，也感覺不到恐懼。

把交感神經系統當成身體的加速器，那麼副交感神經系統就是身體的剎車裝置。

回到前面，當失控的汽車向你飛馳而來，在那電光石火間，你既不能戰鬥，也不能逃跑。因為這時候，你的副交感神經系統啟動，它讓你原地呆住不動。可即使如此，你卻仍能感知到事態的變化，只不過在觀察這一切的時候，自身已經沒有感覺，也不帶有任何情感——此時你的身體狀態，便是「強直靜止」。

強直靜止也會發生在很多動物身上，比如說，有一些羊，一受到驚嚇就突然四肢僵直，躺倒在地，一動不動，這是一種非常有喜感的「強直靜止」。

那麼我們在遇到危險狀況時，為甚麼會發生「強直靜止」呢？有些人說，這不相當於在等死嗎？

「強直靜止」其實是人類數百萬年來演化出來的英明產物。乍一看上去，就像有的人說的，像是在等死一樣，是一種自我毀滅之舉。但事實上，「強直靜止」不是等死，反而是在最大限度地求生；「強直靜止」，也不是不動，而是在謀定而後動！

畢竟人類直到近現代，才生活在擁有百萬級人口的大城市中。之前我們進化了那麼久，很大程度上是為了適應叢林野外環境。

試想一下，一頭猛獸向我們撲來，如果這時，我們保持完全靜止，不發出任何聲響，進入「強直靜止」狀態，像死了一樣，那麼捕食者可能就會被我們糊弄過去，因為有很多獵食動物是不吃死物的。最糟糕的情況，也不過是牠們將我們把玩一番，搖晃我們的身體，撕扯我們。但我們很可能會撿回一條命。而且，因為**在「強直靜止」狀態下，副交感神經系統啟動，讓我們感受不到恐懼，也感受不到疼痛。**換句話説，即使被野獸用鋒利的牙齒和爪子開膛破肚也不覺得難熬。這樣，才能撐過這段時光。

來看這樣一個例子，有一位探險家，用他當年的經歷，生動地為我們描述了何為「強直靜止」。以下是他的原話──

「在裝子彈的時候，我忽然聽到一聲大吼。我轉過頭去，看到一頭獅子正向我撲來。牠抓住我的肩膀，把我掀倒在地。牠一邊咆哮一邊搖晃我的身體，就好像狗在玩弄老鼠。我當時完全驚呆了，這感覺應該如同老鼠第一次被貓抓在手裏一樣。我似乎陷入某種夢境，既感覺不到疼痛，也感覺不到恐懼，但我清楚地知道當時發生的一切。」

那麼，「強直靜止」跟創傷後遺症又有甚麼關係呢？看起來，這兩者並沒有關係。下面，我們就來解決第二個問題：**「強直靜止」是怎樣導致人們患上創傷後遺症的？**

有兩方面原因，第一個是：能量。

用一個例子來説明，在非洲草原上，年幼的黑斑羚遭獵豹追擊，牠拼命撒腿奔跑，牠的神經系統也在以每小時 110 多公里的速度聚集能量。在獵豹發起最後衝刺時，黑斑羚突然癱倒在地。從外部看，牠靜止不動，彷彿死了一樣。就是我們説的出現了「強直靜止」。但是在內部，牠的神經系統，仍在以每小時 110 多公里的速度聚集能量。雖然牠的身體一個剎車不動了，但是此時牠身體內部的情況，跟我們在開車過程中把油門踩到底，緊接着再將剎車踩到底，是一個情況。這時，內在的神經系統，和外部身體僵直不動之間，在牠

身體內造成了一個強烈的「渦流」，其形態與颶風相似。

正是這種心理能量的「颶風」，造成了創傷後遺症的各種症狀。為了使這種能量的力量更形象，你可以想像一下：你正在跟你的伴侶做愛，你就快要高潮了，突然，某些外力將這個過程一刀斬斷。將這種抑制感放大 100 倍，你就大概明白，一次威脅生命的經歷，所能引發的能量會有多大了。也就是創傷發生時，所造成的能量會有多大。

如果這些能量，我們事後沒有釋放出去，就會滯留在身體中，左碰右撞，上下翻飛，導致各種問題，最終形成創傷後遺症。

這就是「強直靜止」導致人們患上應激障礙的第一個原因：**在「強直靜止」發生的過程中，會產生巨大的心理能量渦流。**

「強直靜止」導致人們患上創傷後遺症的另一個原因是：內疚。

正是因為有「強直靜止」的存在，所以我們才在汽車駛向我們時一動不動。同樣，在其他創傷事件中，我們的表現，也多是這個狀態。這個是本能進化出來的，是我們自己控制不了的。

但是，當事件發生過後，我們卻不這麼想，我們認為，自己當時不應該呆住不動，會想：「如果我當時做了甚麼，是不是他就不會死？」「如果我當時多努力一點，是不是整個歷史將會被改寫？」

諸如此類的懊悔和執念，會一刻不停地糾纏我們。會讓我們深陷自責與愧疚中，難以釋懷。

沒有得到「超渡」的「亡靈」

在你的生活中，有沒有遇到一些人，他們明明自己資質很好，卻總是在感情中淪落為弱勢一方，甚至最後陷入被動又悲慘的局面？

來說一個案例，女主角的名字叫小賈。

小賈可以說是一個智慧與美貌並存的女子，事業成功，長相數一數二。找男朋友對她而言根本不是問題，問題是怎麼留住男朋友。小賈今年 28 歲，她總是喜歡那種有挑戰難度的男人，而這種人一般也都狂放不羈，很難定性，很難從一而終。每次戀上一個人之後，小賈都表現得如癡如醉、神魂顛倒。而她的男朋友無一例外最終都要跟她提分手。分手的時候，她哭得撕心裂肺、死去活來，甚至雙膝跪地，死死抱住對方的大腿，哀求對方千萬不要離她而去，一點做人的尊嚴都沒有了。

小賈自己也想不通為甚麼會這樣，因為她是個在其他方面都很要強，很有自尊的人。在一次心理治療的過程中，揭開了謎底。原來這一切都源自她 6 歲那年的一個晚上發生的事情……

那天晚上雷雨交加，小賈覺得特別害怕。她一個人待在樓上自己的臥室裏，開始放聲大哭，拼命喊叫爸爸媽媽，讓他們快點過來。但是，她的父母正坐在一樓客廳，一邊嗑瓜子一邊看電視。外面的狂風暴雨把小賈的哭喊聲完全淹沒，他們一點都沒聽到，也就沒上樓安慰她。最後，小賈哭喊得聲嘶力竭，在疲憊中進入夢鄉。

那麼現在，這個「亡靈」就浮出了水面，是甚麼呢？是過往的記憶。

如果當前的創傷反應，能被直接追溯到早年的一段記憶，我們就把這樣的記憶稱為「未被超渡」的記憶。意思是，它們被儲存在大腦裏，但仍然保留着當年的看法、身體感受和心情等。這些記憶原封未動，細節絲毫未減。

在那個雷雨交加的夜晚，還是個孩子的小賈內心恐懼至極。可能對某些人而言，打雷根本不算事，但對小賈而言，她心裏認定她當時的處境是極度危險的。

她聲嘶力竭喊父母過來，他們卻沒來，這讓她有了這樣的感受——在她真正需要父母的時候，肯定會被他們拋棄。這個記憶，帶着她當時強烈的恐懼感一起，儲存在了她的大腦深處，每次男朋友跟她提出分手時，都會被激發出來。

到那時，她的所作所為不再像一個成熟且成功的 28 歲女士，而是像一個滿懷恐懼的小女孩，一個人孤苦無依地被留在黑暗裏。所以這時，分手已不是簡單的分手本身，分手相當於當時父母對她的「無視」和「遺棄」，所以每一次分手，就如當年那個雷電交加的夜晚再臨，也就意味着她再一次感受到深陷絕境，極度危險，無依無靠，滿懷恐懼。

這樣一來，她就會無意識地將與戀人分手，看成會要了自己的命。

我們的大腦有一套裝置，或者説是一套資訊處理系統，來説明我們恢復心理健康。這個資訊處理系統，會「消化」你過往那些不愉快的記憶，相當於在「超渡記憶」。

打個比方，假設你剛剛跟同事吵了一架。你可能會覺得不舒服，非常氣。你對同事和自己都產生了各種負面的想法，比如想上去撕了他，或者覺得自己好沒用。後來你又抵制住了這種衝動，別的不説，它們很可能會讓你丟掉飯碗，所以你只能走開了事。然後，到晚上你睡了一覺，第二天醒來，可能感覺就沒有那麼糟了。因為你的資訊處理系統，幫你消化掉了這次不愉快的經歷，尤其是在睡夢中。

過後，我們的大腦還在不斷處理這件事情的記憶資訊，讓它與其他資訊進行交流和整合。你對這件事情的感受也慢慢開始變化，

比如説，你可能會覺得當時自己錯怪了對方，或者當時對方也有難做之處等等。接下來，你很可能會心平氣和地去跟這位同事談一談，前一天那劇烈的情緒波動，也早已不見蹤影。

但是，遺憾的是，**有些人的這套資訊處理系統出現故障了，創傷和焦慮的記憶沒有辦法得到「消化」。它們就一直被放在那裏，你的所見所感、當時的景象、各種情感、身體上的感受，保持得原汁原味，沒有經過任何處理。**所以，每次你看到和你吵過架的那位同事，你就好像是前一秒鐘剛剛跟他結束戰鬥一樣，怒氣難消，要不是旁邊有人攔着，估計你們還得打成一團。

如果我們的某些創傷記憶得不到處理，它們就像沒有得到超渡的亡靈，變成孤魂野鬼，遊蕩盤旋在你的大腦中，苦苦糾纏折磨着你。

那麼，如何治療創傷後遺症呢？

要解決的問題包括——

**「碎花瓶理論」是甚麼？
皮亞傑的「同化」和「順應」是甚麼？
這兩個理論怎樣聯手？
真實又「魔幻」的催眠治療實例是怎樣的？**

碎花瓶理論

假設在你家桌子上擺着一個珍貴的花瓶，它是你的心頭好。然而有一天你不小心把它打落在地。所幸它損壞得並不太嚴重，可能只是缺了一個角。你會怎麼辦？

很多人的做法是，拿膠水把這個掉下來的角黏回去，這樣這個

花瓶看上去就跟以前一樣，看不出來被摔過。

對一部分人來說，創傷也是如此。我在一開始講創傷後遺症的時候提過，我們都活在自己的「假設世界」裏，而且這個世界非常牢固，將我們封印於其中，使我們始終抱着一個潛在信仰生活——

我們認為世界是友善的。

我們認為世界上的一切事物都是公平的：好人一定會遇到好事，壞人一定會受到懲罰。

我們總喜歡過於樂觀地看待自己，認為自己總會倖免於難，是最幸運的那一個。

創傷事件雖然會在一定程度上破壞我們的這個「假設世界」，但是不足以徹底地撼動，所以你把碎花瓶掉下的一個角黏回去並不難。

那麼我再讓大家想像一下，如果這次花瓶在地上摔得粉碎，碎成了幾千幾萬片。你跑過去撿起地上的碎片，心裏難過極了。你會怎麼做？

有的人說，我還是會努力把它一片一片黏回去。因為我真的很喜歡這隻花瓶，就像懷念那曾經安穩無憂、風平浪靜的生活一樣。

如果你足夠幸運，也許真的可以做到，讓花瓶看上去跟以前一模一樣。但如果你湊近了仔細觀察，就會發現，它現在之所以還能維持原來的形態，全仗着膠水的力量。你再看得仔細一點，就會發現花瓶上其實傷痕累累。雖然它好像已經恢復原貌，但哪怕再受一丁點震動，花瓶就會再次變成碎片。

同理，**那些在遭遇嚴重創傷之後，試圖維持自己原有「假設世界」的人，會變得更加脆弱、更警戒，也更容易受到傷害。他們那嚴重受損的「假設世界」，將會一次又一次面臨支離破碎的危險。**

這個就是碎花瓶理論。將我們的人生比作花瓶，而創傷性事件就是把花瓶摔碎的力量。

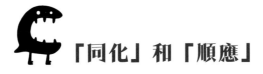 ## 「同化」和「順應」

皮亞傑是著名的兒童心理學家，他對心理學最重要的貢獻，是把佛洛依德的那種比較隨意、缺乏系統性的臨床觀察，變得更加科學化和系統化，使臨床心理學在日後有更好的發展。

而「同化」和「順應」這兩個概念，是他的重要研究成果，是兩種人類認知的過程。

甚麼是同化？拿搭積木舉例，一個小孩剛學會把一塊積木放在另一塊上，她玩得樂不可支，這時她發現了一塊磁鐵。她從來沒見過磁鐵，以為它是另一塊積木，因為磁鐵從形狀上來看就是積木的樣子。於是，她把這塊「積木」，跟其他積木搭在一起。

這就是所謂的同化——把新的認識歸納到舊的知識體系中。不認識磁鐵，但是認識積木，反正形狀差不多，就把磁鐵歸類到積木的「體系」中。

然後這個孩子偶然發現，這塊新「積木」可以吸住金屬。於是她就換了個方式來玩它，不再用它來堆積木，而是用它吸附各種東西。這就是順應——重新解讀新的知識，發展出新的知識體系。認識到磁鐵有積木沒有的功能，便不再把磁鐵當作積木來對待，而是充分發揮了它磁力的功能。

所以**同化是指將新經驗納入已有的認知結構中，而順應則是，調整已有的認知結構來適應新的經驗。**

皮亞傑說，兒童在學習過程中，既需要同化，也需要順應，要在二者之間取得某種平衡。皮亞傑的這個「同化順應」理論，不僅可以指導兒童的學習，也可以指導我們理解成年人的創傷世界。

聽到這兒，有人會說，到目前為止我也沒看出來皮亞傑的同化和順應理論，是怎麼跟我們成年人的創傷世界掛上鉤的。

那麼下面，就是時候，該將兩個理論合體了。

我們把花瓶打碎了，然後，總試圖想把碎片黏回去，這就相當於「同化」，把新發生的情況，歸到舊有的知識體系中。

但是我們也要知道，「同化」並非應對創傷的唯一方式，有的人會撿起碎片，用它們創造出新的東西。他們也會因自己珍愛的花瓶被摔得粉碎而感到悲傷，不過還是選擇接受事實。他們知道，覆水難收，花瓶再也不可能恢復到曾經的模樣了。那麼他們就開始思考，該拿這些碎片怎麼辦？或許可以把它們重新拼湊出一幅馬賽克鑲嵌畫，以新穎而別有意義的方式來保存它——這便是「順應」。

那麼為甚麼皮亞傑說，還要在兩者之間取得平衡呢？

有這麼一個說法——

心理學家發現，在創傷發生以後，我們往往會先竭盡全力使用「同化」，誓死捍衛我們的「假設世界」。因為拋棄對自己過去的看法和對世界的看法，無論擱誰身上，都是一件特別痛苦的事。這個現象被稱為「認知保護」。**我們會竭盡全力尋找符合舊認知的資訊，忽視、抗拒，甚至是篡改那些與舊有認知不符的東西。**

就像一位著名哲學家說的——

「生活陷入一片混亂，人也迷失了自我。他們知道這一點，但是他們太害怕了，不敢直面這一團糟的真相，只能一次又一次地拿幻想來替代真實。在幻想的世界裏，一切都井然有序、清晰明確。

幻想的世界雖然並不真實，但他們毫不為此擔心。他們把它當作求生的戰壕，以對抗真實的存在；他們把它當作田野裏的稻草人，試圖把真相嚇走。」

所以我們在「同化」時的做法是：

做隻鴕鳥，試着忘記發生的所有事，讓自己陷入迴避一切的境地（這對我們毫無幫助）。

把一切歸咎於自己，認為一切都是自己的過錯導致的（這樣做的邏輯是，如果創傷事件可以被阻止，那麼世界在我眼裏依然是可控的，我的「假設世界」不動；如果我現在承受痛苦是因為我個人的錯誤，那麼世界在我看來就依然是公正的）。

要不乾脆責怪他人吧（因為責怪自己也挺痛苦的，不管怎麼做，這能使人們覺得依舊可以掌控自己的命運，世界也是公平如初）。

我們都認識那麼幾個人，他們不能聽真話，對一切與他們自我認知和世界觀不符的資訊都充耳不聞。想想你在工作上，或在生活中遇到的不願意承擔責任的同事和朋友吧。一旦出現麻煩，他們就把自己的責任撇得一乾二淨。不僅如此，還很有可能掉過頭來攻擊別人，以保護脆弱的自我。

坦白來說，在某種程度上，我們都是這樣的人，至少有時候是。這是我們的本性，也同時正好反映了我們的「同化」過程——不願意接受新的現實，試圖把碎掉的花瓶拼回原樣。但是這麼做，最終受傷害的還是我們自己。因為花瓶並沒有真的復原。

創傷倖存者在嘗試「同化」的時候，看上去會更加脆弱。他們的內心世界，如同那隻被黏回原樣的碎花瓶，塗滿膠水，纏滿膠帶，也更容易碎裂，更容易被新的創傷擊垮。

那我們在創傷後的「順應」中，又是甚麼樣子的？

創傷向我們的價值體系發起挑戰。它讓我們直面生命存在的真相，把我們舊有的價值觀擊得粉碎。我們愈是試圖抓住自己的「假設世界」，就愈發無法接受真相。所以**我們必須要「順應」，來修改我們的「假設世界」。我們需要明白，壞事也確實會發生在好人身上。**

但是，有的人也做得太過火了，他們把舊有的「假設世界」全部拋棄，比方說，在受到傷害後，一定會從經歷中學到點甚麼——應該避免去某些地方，避免接觸某些危險人物，而這些人則過度地認為，沒有任何地方是安全的，所有人都很危險！

這種要麼全有，要麼全無的做法，可以說是「矯枉過正」，對我們修復創傷毫無益處。

「順應」與「同化」這兩股力量形成一種矛盾的張力，其互動的結果將決定我們未來的心理狀況。

所以，皮亞傑才會說，要在「同化」和「順應」之間找一個平衡點。

真實又「魔幻」的催眠治療實例

很多人都覺得，電影中的一些催眠場景很酷，其實，真實的心理催眠治療，要比這些藝術作品還要精彩，腦洞更大，更玄幻！

下面就來說一個真實的心理催眠治療案例，讓大家管中窺豹，了解一下人類的潛意識心理，那個精妙絕倫的隱秘世界。

這個案例的女主角名字叫小梁，小梁是一位內科女醫生，同時，也是一名「心理疾病」患者。她的問題是，多年來反復出現頸部疼痛和下腹疼痛的症狀，為此做了大量的身體檢查，卻沒有發現任何器質性的問題。慢慢地就明白了一件事，這可能不是身體上的問題，

而是「心病」，於是，她選擇了接受催眠治療。

治療開始了，她跟心理醫生說，她感到頸處有種不均勻的緊繃感。醫生鼓勵她認真體會那種感受。當她將注意力集中到那種緊繃感上時，她的頭微微向左轉動了一下，進入了催眠狀態。

幾分鐘後，小梁的腿開始微微地抖動，她完全進入了自己過往的內心世界，在經歷了一系列不舒服的感覺和情感之後，其他影像開始出現：

她「記得」自己被一個男人綁在一棵樹上，這個男人扯掉她的衣服，使勁打她，然後將一根棍子塞進了她的下體。

接下來，她躺在被攏成一堆的葉子上，她感到很興奮，但同時又很平靜。

突然，她清晰地看到了那男人臉上的細節。那是一張發紅而扭曲的臉，汗珠從他額頭滑落下來。

然後幾乎連氣都沒喘，小梁再次轉移視線，看到地上的秋葉，葉子環繞着她。她說她在葉子間嬉戲，有種很清新的感覺。她心情很愉快。

在下一個意象中，她又一次被綁在了樹上。她看到那個男人褲門敞開着，陰莖露在外面。他用刀剖開一隻兔子，然後向小梁尖聲說，如果她敢告訴別人就殺了她。小梁感覺頭快要炸了。

又一個畫面到來，小梁躺在了奶奶的臂彎裏，將發生的事告訴了奶奶。小梁說，她此時有種深深的欣慰感，說的同時她流下了眼淚。

在接下來的一幕中，她又在樹葉堆裏翻滾嬉戲。她笑着，來回翻滾身體，胳膊緊緊地抱在胸前。

這次催眠過後，小梁身體上的毛病就消失了，更重要的是，她

說自己找回了開心和幸福的感覺。

是不是很魔幻？

那麼這場催眠到底是怎麼一回事呢？想必很多人也是聽得雲裏霧裏的。

在小梁的治療案例中，有醫學和警方的報告，證實了小梁早年時受過性侵。

那麼這場催眠是怎麼治好了她的心理創傷呢？我們來看看小梁是怎樣在「同化」和「順應」之間找到這個平衡點，完成跟過去的重新協商的。

小梁在這場催眠中，實際做了兩件事，第一件是回憶過去，重新經歷了她的童年時期，這算是「同化」。第二件是，在她成年以後，又遇到很多事情，使她的大腦創造性地將不同時間、不同地點中產生的不相干的事件碎片展示了出來，這相當於「順應」。

我們具體來看看是怎麼回事：

在小梁的催眠畫面中，有個男人將她綁到樹上兩次。

這當然是有可能的，但是在這種情形下，她真的能那麼興高采烈嗎？就像她在催眠裏形容的，她感到很興奮，心情很愉快。這似乎有點不大可能。更有可能的是她在另一個時間空間裏，曾在樹葉間玩耍。現在這兩種回憶摻雜在一起，就是又被綁架又開心玩耍着，說明小梁試圖在尋找那個平衡點。

那麼男人將兔子開膛破肚，衝着她尖叫，又將陰莖露在外面，這個畫面意味着甚麼呢？這是對當時事件的準確描述嗎？如果是這樣，那麼這個男人是從哪兒弄到那隻兔子呢？當然，這可能確實是當時真切發生的事情。然而，也可能存在其他解釋。

可能那個男人當時告訴她，他會把她像兔子一樣切開。或者也可能在別的某個時間，小梁曾看過，或者在書上見過兔子被剖開的場景，然後被嚇壞了，她便拿這個影像來形容她當時的感受。這個畫面，確實也能傳達出一個年幼的孩子在那樣的情形下的恐懼感。

所以，小梁在催眠內容中表達的，是當年遭遇性侵時的事實情況，跟她日後其他情景中的記憶感受，兩樣東西疊加在一起形成的。**她對當年事情的回憶是在做「同化」，對之後相關記憶的添加是在「順應」，她把它們糅在一起，就是為了重新協商，達成一個平衡。**

作為成年人的小梁，能夠遵循機體的創造性指示去做，因為我們人類的心靈本身，就有很強大的自癒能力。她的意識在兩種影像之間轉換：一種影像喚起了她童年時經歷的恐懼；另一種影像沿着這種恐懼擴大延伸。

她緊緊跟隨着伴隨着這些影像而來的體驗和感受，從而使自己的身體，體會到這種能量渦流之間的波動。這兩種渦流最後合成了新的現實，同時釋放了她創傷後淤積在心裏的沉重能量。她終於得以與那次的可怕事件「重新協商」，也是跟自己的過去達成和解，於是相應的身體上的傷痛感便隨之消失了。

這就是小梁的催眠治療過程。

到這裏，整個創傷後遺症的內容就全部結束了。

第九章

與人打交道
是對我生命的
巨大損耗

社交恐懼症和它的朋友們

現在很多人都説自己有社交恐懼症，比方説——

不喜歡接打電話，就算接打電話也只是勉強應付，有事説事。

在正常的社交場景裏經常覺得很彆扭，做個動作，説句話，都讓自己覺得尷尬得不行。

害怕欠人人情，面對別人給的好處和溫暖總有種受寵若驚的感覺，而且很惶恐。

覺得聯繫朋友和維持關係是一件特別累的事，於是就乾脆自己一個人待着。

以上這些呢，雖然也算是我們人際交往中出現的問題，但是它們還遠遠談不上是社交恐懼症。

很多人真是太輕看社交恐懼症了。

社交恐懼一直在心理學界被認為是最具毀滅性的恐懼，因為它會嚴重傷害到人類這種孟德斯鳩口中的「社會動物」。這種恐懼能奪走對我們來說，最珍貴、最不可或缺的東西，那就是人際關係的食糧，而這種食糧對我們的生存來說，與物質食糧同等重要。

所以在這裏，我就要幫大家搞清楚甚麼才是真正的社交恐懼症，以及其他那些形形色色、光怪陸離的恐懼症——

甚麼才是社交恐懼症？
為甚麼社交恐懼症的危害會這麼大？
如何快速判斷對方或者自己是否患有恐懼症？
社交恐懼症和那些千奇百怪的恐懼症是怎樣的？

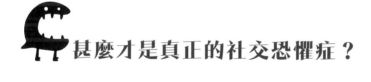 **甚麼才是真正的社交恐懼症？**

小馬，男性，28 歲。

小馬好幾次被醫生診斷為抑鬱症、酗酒和精神分裂症。實際上他患上的是社交恐懼症。

情況是在小馬青春期的時候開始惡化的。在初三的一天，小馬在學校餐廳正端起一杯水要喝的時候，他的身體開始很不尋常地顫抖起來，他覺得自己是有點疲勞和緊張。然而第二天，在用餐的時候，他又開始顫抖。第三天，同樣的事情在他從一個同學手裏接過餐盤的時候又發生了。小馬感覺到他的同學注意到了他的顫抖，並有些發愣地看着他，但是並沒有對他說甚麼。小馬從此再也不在餐廳用餐了，因為他覺得別人都很在意他身體的顫抖。

漸漸地，小馬在課堂上也開始覺得難受，他害怕自己在回答問題時又渾身顫抖；他尤其畏懼化學課，因為在課上他有時候需要在鄰座同學的注視下，更糟糕的是在老師的注視下，將液體從一支試管倒進另一支；在校車上，他也覺得非常不自在，總覺得周圍的人都在看着他。於是從此，無論颱風下雨，他都堅持自己騎單車上學。

這種恐懼後來變得愈來愈廣泛，小馬開始愈發頻繁地自我封閉和逃避現實。他在很艱難的情況下通過了高考。在筆試的時候，他受不了監考老師可能在他答題時看着他寫，於是，他只在監考人員在考場閑晃，或者背過身時才填寫答案。

後來，雖然考上了大學，但他不得不放棄大學學業。因為他受不了擠滿人的階梯教室，他必須得最早一批到達教室，保證在角落或者後排找到座位，但在這些位置他無論如何都沒法記下一丁點筆跡。

小馬也沒有找到工作，因為沒有辦法參加工作面試，這會導致他很可怕的顫抖（至少對他來說是很可怕的）。

家裏人後來給他安排了一份工作，而他也從未跟外人提起過自己的問題，所以一開始還是順利的，但是後來，他不得不通過喝酒，來捱過工作中需要跟人打交道的日子，捱過那些他躲不開的會議。酒喝得愈來愈多，小馬的情形也愈來愈差，最終被開除了。他成了與社會徹底絕緣的人。

小馬的這個案例，就是社交恐懼症的一個真實情況。

是不是跟我們一開始說的那些情況比起來，要嚴重得多了？那些不愛接打電話、在公共場合覺得彆扭、尷尬、不愛說話等狀況，與其說是社交恐懼症，不如說僅僅是害羞而已。

而真實的社交恐懼症，會嚴重影響到個人的生活，甚至生存。
就像一位社交恐懼症患者說的：「我覺得自己是苟活於世，凡事都懼怕，凡事都失敗，我為要逃避一切我本來幻想能好好享受的社交

情境而感到心力交瘁。一次相遇、一個眼神、一句話都能讓我焦慮。和他人在一起的時候，我感到害怕；而我獨自一人的時候，又覺得絕望。社交恐懼症已把我逼到了絕路的邊緣，上天無路，入地無門！」

這便是社交恐懼症。

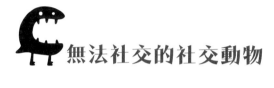 無法社交的社交動物

人類是社會動物，也可以說是社交動物。

人類的生活中，存在着各種各樣的情境，是人類避無可避，甚至是賴以生存的要素。

比如說——

表現情境：參加考試或者面試，做報告或者講座，在公眾面前發言。

觀察情境：你肯定避免不了一點，就是做事的時候被人看着（或者自認為被看着），包括走路、吃飯、喝水、開車，甚至並沒有在做事情的時候，都會在別人的觀察之中。

表達情境：維護自身的權利，表達自己的看法，說出自己的要求，等等。

而社交恐懼就是讓你無法應對這些情境，不停地迴避這些情境。對人類這種社會動物而言將是致命的，你將活成一座可怕的孤島。

要說**患有恐懼症**，這裏必須具備幾個條件：

第一個條件，驚恐發作。

驚恐發作是一種強烈的焦慮反應，並伴隨着軀體症狀，比如心臟猛烈地跳動，呼吸急促或者沒辦法呼吸，大量出汗，虛弱，眩暈。驚恐發作常常伴隨着絕對的恐怖感，危險即將來臨和瀕死的感覺，以及想要逃離現場的衝動。同時還有，失去控制，要發瘋和馬上就要死掉的想法。

如果你在面對一件事情的時候身體出現了這種症狀，那麼就要留意，並加以小心，你很可能是對這件事情患上了恐懼症。

第二個條件，對生活造成影響。

這個影響在小馬身上已經是顯而易見的。他已經無法完成大學的學業，也沒有辦法正常生活工作養活自己。

那麼下面，我們再來看幾個案例，看看恐懼症對生活的影響是怎樣的。

第一個案例叫「恐懼讓我無法結婚」：

這個不是婚前恐懼症，也不是對結婚對象產生恐懼。

說出來可能更啼笑皆非，因為這個案例的主角有「針頭恐懼症」，沒辦法通過婚前體檢。而結婚領證前，必須要先婚檢。

這位「針頭恐懼症」患者，央求醫生：「在檢查前，給我來點乙醚，或者巴比妥酸鹽，給我來個痛快！」

結果醫生面無表情地答道：「對不起，我不能因為一次抽血化驗，就對你進行全麻。」

醫生還告誡他，說婚前檢查其實只是他生活中的一個小小的問題，以後即使很小的醫療檢查都可能需要抽血，如果他真攤上大病可就麻煩了……但是話還沒說完，醫生就趕緊起身跑出去喊人了，因為這個人光是聽到「抽血」、「血」、「打針」這些字眼，就昏倒在地了。

不了解情況的人，都誤解他，認為他這個樣子是怕疼。其實不是的，疼痛對他來說根本不算甚麼。這個「針頭恐懼症」患者說：「不信你打我一頓，狠狠打，我都不會喊疼的。我的問題是，僅僅是有打針這個念頭，就開始控制不住地顫抖，驚恐發作，渾身出汗，沒辦法忍受，會暈過去！」

第二個案例叫，「上不去的電梯」：

小王今年剛剛大學畢業，通過層層面試選拔，終於獲得一家世界 500 強大公司的 offer（錄用信）。這一天，他正式來總部公司報到，發現公司所在的樓層是 55 樓。他對進入公司感到深深的恐懼，不是害怕面對接下來工作的挑戰，或者職場中的爾虞我詐，而是害怕進入通往公司樓層的電梯。

沒錯，小王患有「電梯幽閉空間恐懼症」，他沒辦法乘坐電梯。以往，他都會儘量選擇走樓梯。但是，沒想到，這次會在這麼高的地方辦公。

於是，接下來，在同事眼中，就多了一個愛鍛煉身體的新同事——小王每次到 55 樓都是用爬的。一開始還好，後來問題就出現了，因為不光上下班要爬 55 層樓梯，中午出去吃飯，也要爬 55 層樓梯，還有，上司經常吩咐他外出辦事，還要再爬 55 層樓梯。即使小王年輕，體力上吃得消，但是耽誤時間，工作效率被影響了。慢慢地，上司也開始不滿，小王有可能會失去這個得來不易的在大公司發展的機會。

這是患有恐懼症的第二個條件，對生活產生影響。

第三個條件是，無法自拔。

就是你明明知道所害怕恐懼的事情是不合理的，甚至是不可能發生的，卻還是會陷在裏面，無法自拔。

舉個案例，一位患有嚴重「廣場恐懼症」的婦人，因為害怕到空曠地帶，或者自己不熟悉的地方，她已經將近 20 年沒出過門。生活全靠她女兒每周來探望，帶來日用品。其實，她何止是不出門，她還十幾年沒有自己去開過門，因為害怕往走廊裏看。她的生活範圍只局限在臥室、衛生間和廚房這幾個區域。因為她一旦超出了這幾個區域，就會如臨大敵，驚恐發作，感覺整個人快要死了。

是這些區域以外有甚麼鬼怪，或者有害生物等着謀害她嗎？當然沒有！這一點這位婦人自己也是清楚的，但是她就是控制不住自己的恐懼。

如果你在害怕一件東西，或者某一情境的時候，同時滿足了以上 3 點，並且持續時間達半年以上，那麼你便極有可能已經患上了某種恐懼症，應該積極尋求心理醫生的幫助。

這裏再說一個可以快速判斷是真的有心理疾病，還是假裝有心理疾病的方法——

大多數真的患有心理疾病的人，不會過於對外聲張自己的病情，甚至會極力隱瞞自己的病情。所謂「大悲不言痛」，反而是那些假裝有病的人，才總愛四處嚷嚷，標榜自己有這樣或者那樣的心理問題，覺得有心理疾病是件很酷的事。

社交恐懼症的朋友們

社交恐懼症的朋友們和那些奇奇怪怪的恐懼症主要分為這幾類——

首先是比較常見的：

動物恐懼症，即害怕某種動物。這裏，容易造成恐懼的動物按順序依次為：昆蟲、老鼠、蛇。當然，對鳥類、狗、貓的恐懼症也比較常見。

一位恐懼症患者在接受治療時說，自己對螃蟹有恐懼症，她甚至連螃蟹的照片也接受不了；還有人對鴿子有恐懼症，說鴿子那沒有眼瞼的眼睛，像是在預示着甚麼，讓人看着實在是心驚膽戰；還有人甚至對無害的蝴蝶也有恐懼症，因為一看到蝴蝶就情不自禁地聯想到毛毛蟲，非常可怕。

還有自然恐懼症，就是對一些自然因素感到恐懼，比如水、雷雨和黑暗。

一位「雷雨恐懼症」患者說她每當打雷下雨的時候，都會把全家人趕到車裏，上車就走，一直到雷雨結束才停下來。因為她曾經讀過人在汽車裏不會被雷電擊中的故事——汽車的金屬外殼形成了一個隔離罩，也就是電學家所謂的「法拉第籠」。看來不會點物理知識，還輕易不敢得恐懼症了。

有的人對水有恐懼症，游泳池和海邊成了危險地帶，會避免乘船遊玩；在泡澡或淋浴時頭會遠遠地躲開水柱。因為如果頭沾到水的話，壓抑感便會排山倒海般襲來，讓他們彷彿溺水一般窒息。

還有的便是對黑暗的恐懼。患有黑暗恐懼症的人，從來不會在沒有光線的環境中睡覺，特別害怕醒來之後發現自己處在完全黑暗的環境中。因為他們常常把黑暗同對死亡的恐懼聯繫在一起，有

一位患者說：「當我醒來發現自己在黑暗中時，就好像身處墳墓一樣。」

再者，便是幽閉空間恐懼症。害怕待在狹小封閉的空間之內。

對於這個情況，放射科的醫生常常感到很棘手，因為有幽暗空間恐懼症的患者，不肯進到一些醫學儀器中進行檢查，比如斷層掃描器、核磁共振機等，耽誤治療。

還有一些人，可以稱作隧道恐懼症，或者洞穴恐懼症。當他們乘坐交通工具穿過隧道時，也覺得痛苦難耐。這種穿過隧道，或進入洞穴的感覺，可能更像是自己作為獵物被捕後，在捕食者爪子下動彈不得的感受，或者像是被塌方困住後的絕望感，絕不是甚麼好滋味。

以上是還算比較常見的恐懼症類型，下面來說說那些更鮮為人知的恐懼症，不用懷疑，它們是真實存在的——

聽覺恐懼症：害怕聽到聲音。
氣流恐懼症：害怕空氣流動、通風，害怕風。
穿行恐懼症：害怕穿過馬路，害怕穿過草地，害怕穿過樹林。
尖鋒恐懼症：害怕鋒利的尖銳的物體，比如小刀、碎玻璃。
灰塵恐懼症：害怕灰塵。
男性恐懼症：害怕男人，害怕跟男人發生性關係。
洪水恐懼症：害怕洪水。
無限恐懼症：害怕無窮大，沒有邊際，比如深海。
廢墟恐懼症：害怕廢墟、廢棄建築。
極光恐懼症：害怕見到極光。
當眾嘔吐恐懼症：害怕當眾嘔吐。

最後一個，叫孤獨恐懼症：害怕單身，害怕獨居，害怕獨自一人。

聊完社交恐懼症以及其他恐懼症的具體表現，我們再來講講社

交恐懼症形成的原因和應對方法。

主要解決以下問題——

人類的恐懼從何而來？
人類的大腦中隱藏着怎樣的關於恐懼的秘密？
聚光燈效應是怎麼一回事？
社交恐懼症僅僅是因為「恐懼」嗎？
為甚麼說，我們人類需要恐懼症患者？
怎樣應對突然的驚恐發作？

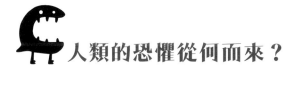

人類的恐懼從何而來？

上面介紹了那些形形色色的恐懼症，有些恐懼症的刺激源，與一些曾經對我們人類的原始祖先構成潛在威脅的事物和情境息息相關，比方說，動物、黑暗、高度和水。

而在我們科技發達的現代社會中，很大一部分的自然生物或者環境，已經在人類的掌控之中了：危險的動物被關進籠子裏，高台或者懸崖邊上都安裝上了欄杆，我們還發明了救生圈等。如今，動物、黑暗、高度和水，這些因素，已經不像以往那樣危險了。

那為甚麼，它們還會出現在我們的恐懼症中呢？

因為一點——「基因庫」。

這些危險的記憶被基因記錄下來，留存在了我們的集體潛意識中。

集體潛意識，又稱為集體無意識，是心理學家榮格發明的精神分析心理學術語。是指人類祖先在進化的過程中，將集體經驗沉澱

下來，存儲於人類精神的最底層，為人類所普遍擁有。但是我們一生也意識不到它的存在，且只有通過遺傳才能獲得。

這些巨大的恐懼，之所以能被遺傳下來，是因為它們可以敦促人們避開危險的場合，從而幫助我們成功生存下來。可以説，人類的恐懼是先天的。在這個層面上來説，恐懼不僅不是危害，反而有益於我們的生活。

那麼，事情是怎麼發展到最後恐懼症卻嚴重影響我們正常生活的地步呢？

人類的大腦中隱藏着怎樣的關於恐懼的秘密？

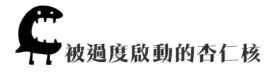 # 被過度啟動的杏仁核

恐懼之所以會發展成恐懼症，是因為我們的身體對此過度反應了。其關鍵在於，我們大腦中有一個重要的器官，它被過度啟動了。這個器官就是——杏仁核。杏仁核是產生情緒、識別情緒和調節情緒的部位。當它被過度啟動後會有甚麼後果？

我們做了一組這樣的實驗，給正常運作下的杏仁核和過度啟動狀態下的杏仁核的擁有者們看一組照片。發現，在杏仁核過度啟動狀態下，人們會更快更多地識別出照片中帶有敵意和威脅性的面孔。也就是説，杏仁核過度啟動後，人們會在一定程度上變成一個「受迫害狂」！

人們會覺得「總有刁民要害朕」。

在這種情況下，人更容易患上恐懼症，因為他們過度地認為周圍充滿了致命威脅。

這也算是**恐懼症的第一個成因，就是大腦功能部位，如杏仁核的運轉出現了異常，發生了故障所導致的。**

聚光燈效應

聚光燈效應，顧名思義，就好比是，你假想自己正處在聚光燈下，以為自己是全場的焦點，不經意地把自己的問題放到無限大。有時當我們出醜時，總以為每個人都會非常關注，其實並不是這樣的。沒有人像你關注自己那樣關注你。有的人或許當時會注意，可是事後馬上就忘了。所以，**聚光燈效應也是在說，對別人而言，你沒有自己想的那麼重要，**別總給自己加戲！

而對社交恐懼症患者來說，他們的聚光燈效應該是被放大到極致的。他們的自我關注力實在太強了！

比如說，當與別人交流時，社交恐懼症患者的重點不在交流的內容上，而是在其他一些令人啼笑皆非、無關緊要的事情上，比方說，自己的臉是不是紅了？嘴有沒有在發抖？手是這樣放才對，還是那樣放才對？如果我這些沒做好，對方是不是一眼就看出來了，他們會怎麼想我？會怎麼看我？這是很嚴重的事。

然而，對他們的交流物件而言，可能所有的關注點都放在了對話內容上，即使發覺有這些問題，也一帶而過，不會過多關注，更想像不到社交恐懼症患者內心有這麼多的戲劇衝突與暗自掙扎。

所以**導致社交恐懼症的另一個原因就是，患者病態地過度關注自己，將聚光燈效應無限放大。**

社交恐懼症不僅僅因為「恐懼」

很多人以為社交恐懼症是因為恐懼才患上的，其實，並不是這麼簡單。

社交恐懼幾乎總會和其他負面情緒交織起來，而不是單一在產生作用。

恐懼通常處於這些負面情緒的中心：如果你在一次會議中等待輪到自己發言，你會在會議開始時感受到一種我們稱為「焦慮」的前瞻性恐懼。然後，當人們叫你走上講台時，你會感受到「恐懼」附體，它侵入你的骨肉之中，沿着肌體上攀，使心跳加速，胃部和喉嚨好像被人用力打了個死結，讓你哭喊無門。

除了這種恐懼的感覺以外，還有很多致命的情緒在助紂為虐。比方說，羞恥！

恐懼是面對危險時的感受，而羞恥則是確信自己無法直面這種危險時，無法接受別人暗中批判的目光時的挫敗感。

絕大多數社交恐懼症患者，都會對得到負面的評價而感到害怕。當這種害怕變得確定時，我們會更多地受到內在信念，而非外在現實的影響，這時候，在我們心中感受到的，就不再是恐懼，而是羞恥了。假設我有臉紅恐懼症（沒錯，真的有這病），我會害怕在別人面前臉紅。可一旦臉真的紅了，我就不再害怕了，事已至此，無力挽回。但是事情並沒有變得更好，因為我會覺得羞恥，我只有一個想法，想找個洞鑽進去。**羞恥其實是一種比恐懼更具有毀滅性的情緒，它更持久，也更險惡，因為它會讓人自慚形穢，自暴自棄。**

正是它的存在，才迫使人在某次，至少是他自己覺得很恥辱的或者單純出醜了的交際後，變得自我封閉，有時甚至是長期封閉。

除了羞恥感外，還有一種情緒的毒害性也非常大！那便是憤怒。

感到社交恐懼，意味着大量的克己行為，比如説：「我不敢，我不得不放棄，當交談對象一提高聲音，甚至挑一挑眉毛我就打退堂鼓。」有的社交恐懼症患者就表示：「我一無是處，甚至做不到不顫抖地看着賣報紙的人的眼睛，要求找零。」而這些大量的克己行為也會導致大量的挫敗感，我們已經發現，很多社交恐懼症患者都會經常大發雷霆。他們將身邊一切可沾染之人都當作自己的仇人，比方説：父母、親人、朋友，跟他們説話的人，或者長時間看着他們的人⋯⋯

這種大量的憤怒情緒的毒害，會擾亂他們已經被恐懼侵蝕的脆弱不堪的生活。而且，他們中很多人會「壓抑」他們的憤怒，而不是通過恰當的方式發洩出來，這種壓抑的憤怒對社交恐懼症患者的康復來説，更是雪上加霜。

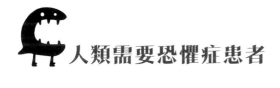

人類需要恐懼症患者

我們人類這個物種需要一些成員是恐懼症患者，就如同生物多樣性對人類來説是一種財富一樣，這種心理的多樣性也為人類增添了一層財富。

為甚麼這麼説？

如果一個器官，或者人體的一項功能對人類而言不再有用了，它就會一點一點地衰退。因此，自從我們發明了衣服和暖氣後，我們全身的毛髮就沒有原始人類那麼濃密了。同樣，我們的某些牙齒也變少了，甚至是消失了，頜骨也縮小了。這是因為比起原始人類，我們吃的食物，多為煮熟的，或者較柔軟的，不需要大量地咀嚼來説明消化。自從我們不再把自己懸掛在樹上後，我們的尾巴也就消失了，只剩下一節小小的尾骨。

如果我們杜絕一切恐懼症，杜絕一切恐懼的感覺後，又會發生甚麼？

有一句話說得好：「一個人愈脆弱，就愈容易感到恐懼，這時的恐懼就猶如他的保護罩，在面對潛在危險時顯得十分珍貴，且必不可少。」

試想一下這種情形，假設地球由於氣候原因而遍地都是毒蛇，但是人類沒有恐懼感，或者說，沒有對蛇的恐懼感，會發生甚麼？可以說用不了多久，無所畏懼的人類的屍體，便會佈滿整個大街小巷。如果這時，有那麼一小群懼怕爬行動物的人存在，由於他們擁有極完善的危險探測系統，那麼他們將是最終的倖存者，以及下一代人類的始祖。

這就是為甚麼我們需要把對蛇的恐懼保留在記憶中，為甚麼人類需要恐懼症患者。同時，也可以向深陷恐懼症的人們說明一件事，那便是**不要為自己身患恐懼症而感到罪惡，這並不是缺點，而是一種特點，是人類心理多樣性的表現。只是，它們有時稍微失控了那麼一點點，還需要我們適當地干預和調整。**

怎樣應對驚恐發作？

以下的應對方法不光對恐懼症患者來說很有幫助，對平常人，當你的情緒失控時，也可以用到這種方法，救助自己，讓自己擺脫困境，冷靜下來。

我們來看看具體是怎麼做的，當你心跳強烈、呼吸困難、驚慌失措，產生瀕死感時，你要做到以下幾點——

不要讓自己的呼吸失去控制，把注意力集中到呼吸的節奏上，儘量緩慢地深呼吸。

不要過度地換氣，過度換氣本身是為了在逃跑和戰鬥時給身體補充氧氣，同時，它也會促使焦慮症狀的突發和惡化。

試着在一個紙袋子裏呼氣。重新構建體內氧氣和二氧化碳之間的平衡，袋子中的二氧化碳會幫助你冷靜下來。

告訴自己要放鬆，告訴自己是不會死的，死沒那麼容易的。告訴自己不管驚恐發作多麼令人痛苦，它也很快會過去的。

請人幫助你一起度過發作期，不要自己硬扛。打電話給你熟悉並信任的人，隨便聊點甚麼都好，直到你回到平靜世界，重新獲得對自己的控制。

不要把自己關在家裏，試圖借此來避免驚恐再次發作。該來的總會來的，鼓足勇氣面對，也要讓關心你的人可以幫助到你。

如果你感到身體不適，那就去醫院看醫生，哪怕它是心理因素導致的。得到診斷也是一種安慰，比你自己胡思亂想來得強。

總而言之，當我們遇到任何情緒問題時，我們不要總想着自己該為它負甚麼責任，這並不是你的錯。同時，也要不恥於向他人求助，人類是社會動物，我們需要彼此。

第十章

三位一體負面認知摧殘大法

其實你不懂抑鬱症

　　我看到頭在一旁飄浮，四肢像是被斬首的青蛙一樣發蔫，身子是空的，腦漿、鮮血、額頭那一塊皮、兩隻眼珠……浮在空中飄，各飄各的。過去我看不懂畢卡索的畫，現在我自己就是畢卡索的一幅畫。

　　以上是一位心理疾病患者發病時的自白。

　　如果不加提醒，你能猜出她患的是甚麼病嗎？

　　有人會說，這麼光怪陸離的幻覺，這麼誇張的病情，那一定是精神分裂症之類的特別有戲劇性的心理疾病。然而，實際上，這位患者患上的，是我們通常以為的死板無趣的抑鬱症。

　　這裏，我就來跟大家聊一聊抑鬱症。

或者確切點説，是絕大多數人都沒能真正了解的抑鬱症。

不知道各位有沒有爬過四川的峨眉山？

在峨眉山頂，有一處景點，名字很有禪意，叫捨身崖。一語成讖，捨身崖是中國自殺率最高的一個景點。它雲霧繚繞，背後就是萬丈深淵，深不見底，傳説跳下去便可得道升仙。

在 2018 年 9 月的一天，一名年輕女子站在捨身崖懸崖邊緣，她不顧周圍大量遊客的勸阻，説了一聲「謝謝」之後，便縱身一躍，投身於無底黑暗。

這悲情性的一跳，再次將抑鬱症這個心理疾病帶回到了人們的視野中，因為女孩在遺書中寫道，自己得了抑鬱症，她説：「很多人把這種病當成脆弱，想不開。我想説的是，我從來不是個脆弱的人。」女孩還呼籲：「希望大家能多多關注抑鬱症患者這個群體吧！」

這條新聞，在短時間內引起了大量的關注，但很快，就跟之前無數次出現過的，跟抑鬱症有關的訊息一樣，銷聲匿跡、石沉大海了。因為很多人表示，我已經用盡全力去關注，也只能關注到這兒了。抑鬱症不就是心情不好，想不開嗎，還能有甚麼？

在這裏，我想為大家糾正一下對抑鬱症最人的誤解，同時，也揭露一下抑鬱症那些鮮為人知的地方——

抑鬱症到底是甚麼？
它何以常常將人逼入「非死不可」的境地？
當你身邊的人因為抑鬱症而自殺身亡，你是否能真正理解他的選擇？

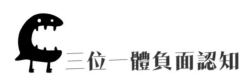三位一體負面認知

抑鬱症到底是甚麼？

有人說抑鬱就是心情不好，再往深裏說，就是悲傷、悲痛。這叫負面情緒。

這個答案也無可厚非，因為當你問及抑鬱症患者「你感覺怎麼樣」時，他們的回答中，也經常出現如下的形容詞：悲慘的、絕望的、鬱悶的等等，確實是心情很不好的樣子。

但是，大多數人不知道的是，跟抑鬱症中的另一樣東西比起來，負面情緒簡直不值一提。這樣東西就是——「三位一體負面認知摧殘大法」。也就是說，在抑鬱症中，這個三位一體的負面認知，才是最致命、最危險，也最具殺傷力的。

甚麼是三位一體負面認知呢？

三位一體負面認知，分別指的是抑鬱症患者對世界、對自身、對未來的消極看法。

我們先來說對抑鬱症患者對「世界」的看法——不管真實情況是怎麼樣的，**抑鬱症患者通通把他們與周圍環境的互動，解釋為挫敗和被蔑視，被別人瞧不起。他們會認為自己的生活充滿了各種負擔、坎坷和傷痛。**

抑鬱症患者的抗挫敗能力幾乎為零。

面對遇到的任何障礙，抑鬱者都會非常敏感。一點阻礙就被視作無法逾越的天塹，被解釋成完完全全的失敗。

例如，有位女性抑鬱者，暫時沒找到她放在袋裏的筆，就有「我再也找不到了」的這種想法。雖然幾秒鐘後她就找到了，但她還是

體驗到了強烈的挫折感。任何問題都看似無法解決，任何在達到目標的過程中所遇到的耽擱都看似永無休止。

有一位男性抑鬱者，發現自己的車胎漏氣，雖然他是一個熟練的機修工，但他滿腦子卻想着「我對這個輪胎無能為力」。由於這種挫敗感，他最後選擇了棄車而去。

除此之外，**抑鬱症患者還有難以抑制的被剝奪感。**

抑鬱症患者傾向於把瑣碎小事視作重大損失。可以説是把小事化大，大事化成天塌一樣。

比方説，在去見精神病醫生的路上，一位抑鬱症患者會認為在路上遇到的各種小事，都使自己蒙受了巨大的損失。

首先，當他在電梯前等了 30 秒，便會想「我這是在浪費寶貴的時間」。當他獨自上了電梯後，他對於無人與他同坐電梯感到可惜，想「我損失了與人為伴的機會」。之後，當他發現還有其他更早預約的患者時，他又會感慨「還以為自己是個有排面的人，醫生會重點對待我，原來他根本沒把我當回事」。當他拿起一本雜誌讀到一半，這時輪到他看病了，不得不放下雜誌，他又會產生「唉，我損失了一個讀完這本雜誌的機會」這樣的想法。

這些瑣碎的「被剝奪感」，像細蟻一樣，蠶食着抑鬱症患者的心，讓他們心力交瘁，難以招架。

總的來説，他們是無時無刻不在感受着來自世界的「惡意」。

下面再來説「三位一體負面認知」中的，抑鬱症患者對「自身」的看法——**抑鬱症患者認為自己毫無價值。**

他們會瘋狂地貶低自己。

抑鬱者總會從別人的言語中解讀出侮辱、嘲笑和輕蔑。他們常

常將別人的中性評價看成對自己的否定。

例如，一位女抑鬱症患者幾乎把心理醫生的每句話、每個面部表情，都當作對自己的責怪。甚至連醫生的正常提問，她都看作在刁難她。而輪到她說話，醫生聆聽時，她同樣會產生「他一定覺得我很煩人」，或者「他肯定覺得我很幼稚」這樣消極的想法。

抑鬱症患者還認為「甚麼都是我的錯」。

他們特別喜歡將一切過錯都攬到自己身上，認為全部都是自己的責任，並且會因此粗暴地虐待自己，懲罰自己。嚴重時，有一位患者甚至聲稱：「我對這個世界上所有的暴力和苦難負責，無論做甚麼我都無法贖清自己的罪孽，我希望你們立刻把我拉出去吊死。」

抑鬱症者就是這樣，好像誓要將自己化身為「地獄不空，誓不成佛」的地藏菩薩，要在煉獄中救度罪苦眾生。

然而現實情況是，他們並不是神仙，只是肉體凡胎，根本承受不了那些自己虛構出來的「罪孽」跟「苦難」。

抑鬱症患者對「自身」的消極看法，最終會讓他們到達一個徹底的無欲無求的境界，心理學上的術語叫作「意向力喪失」。

「意向力喪失」，是說**以前那些能讓我們感到快樂的活動，現在通通變得索然無味，沒有意義，也沒有任何愉悅感可言，甚至會感到厭惡。對抑鬱症患者來說，再也沒有甚麼事情能帶給他們滿足感和成就感，**可謂「萬物皆空」。就連人類最根本的「生命元欲」——食與性，也無法再打動他們。

這還不算完，當意向力喪失到一定程度，抑鬱症患者的身體行動將受到嚴重影響。比方說，我曾接觸過一位抑鬱症患者，她已經嚴重到甚麼地步呢？從床上坐起來，然後將一條腿挪到床邊，再把另一條腿挪到床邊，這樣三個簡單的動作都完成不了。往往是，一

條腿放到床邊，就再也進行不下去了，乾脆又躺了回去。這就是很多人並不知道的抑鬱症對人的殘忍迫害，它會讓人徹底地喪失生活自理能力。

最後再來說「三位一體負面認知」中的，**抑鬱症患者對「未來」的看法──對他們而言，未來就是沒有未來！**

抑鬱症患者可謂極致的悲觀主義者。

如果有一件事情，95% 的部分是好的，只有 5% 的部分是不好的。那麼他們則會毫不猶豫地捨棄佔絕大多數的好的方面，滿腦子只剩下那 5% 糟糕的東西，而且還翻來覆去地琢磨，完全被囚禁於其中。

所以說，**抑鬱症患者看待事情，總是想到最糟糕的一面。在他們眼中，未來是充滿黑暗與絕望的，並且認為自己永遠擺脫不了這種困擾，任何事情也都不會變好。**他們經常會這樣說：「這已經是人生的盡頭了，從此我只能變得更老更醜。」、「再也沒有讓我存在的意義了。」、「我知道自己再也不能恢復了，一切都結束了。」

抑鬱症患者不僅對長遠的未來是消極看待的，對短期之內的事情也一樣絕望。

當患者一早醒來，便能「掐算」出今天遇到的所有事情，應該都是困難重重的。比如說，當抑鬱症患者開車去赴一個約會，還沒出門，他就會想像自己肯定會在路上轉錯了彎，或者迷了路；當抑鬱症患者考慮給朋友打個電話，還沒打出去，他就會想像，電話一定會佔線，或者根本沒有人接；在家裏坐着，當有人敲門時，他們也會想，這該不會是誰來通知我一個巨大的噩耗吧？

對抑鬱症患者來說，每一天，都將會是「喪氣滿滿的一天」啊！

「三位一體負面認知」的內容也解釋了第一個問題，抑鬱症到

底是甚麼？抑鬱絕不僅僅是心情不好這麼簡單，更重要的是，它還有如此致命的負面認知的存在。

除此之外，就像文章一開頭所說的，**抑鬱症患者也會產生幻覺和妄想。**

很多人都以為，幻覺和妄想只是精神分裂症才會有的。其實，當抑鬱症嚴重時，也會出現這種症狀，而且**這種症狀又會反過來加深他們的抑鬱，因為抑鬱症患者妄想出的內容也很令人絕望。**

比如，患者認為自己走入了一個無人的曠野，他說：「我的身、心、魂、魄都散落迷失在死亡的幽谷中。曠野無邊無涯、無日無月，我不在人間，我在曠野。有眼看不見，有耳聽不見，有口不能言。我摸索着，爬行着。我觸摸過死神的臉，那是一張俊朗的臉，光滑、結實、年輕，浮起微笑的唇紋⋯⋯」

還有更嚴重的，很多抑鬱症患者認為自己早就已經死亡。他們覺得自己的器官丟了，內臟被人拿走了，「我的心、肝、腸都沒有了，我甚麼都沒有了，只剩下一具空殼」。

用「自殺」愛身邊的人

無論是「三位一體負面認知」，還是詭異的幻覺和妄想，這些都常常會將抑鬱症患者逼到一個無路可退的境地，用其中一位患者的話來說就是：「嚴重抑鬱帶來的痛苦日復一日加劇，就像動脈中的血液一樣貫穿全身。這種痛苦殘酷無情、無法緩解，活着就如同在遭受凌遲，我找不到任何逃脫這種殘酷生活的途徑，除了⋯⋯死亡！」

到這裏，「抑鬱症何以常常將人逼入『非死不可』的境地？」就已經有了答案。抑鬱症患者幾乎每天都在承受着來自生活中各個方面。各個細節上的大量痛苦壓迫，他們會覺得窒息，無力招架，只想奪路而逃。所以，有史以來，自殺和抑鬱就是這樣緊密相關的。

但是大部分人並不能理解抑鬱症患者為甚麼會自殺。大家都認為就算再難再痛苦，也應該想想家人、愛人和關心自己的人，自己的死會對他們造成多大打擊。認為那些因抑鬱而自殺的人都是自私的、軟弱的，沒有責任心，不顧別人死活的人！

然而，事實上，情況恰好相反。

抑鬱症患者的自殺，一方面，確實也是痛苦難耐；而另一方面，其實是他們在用自己的方式「愛着」身邊的人。

此話怎講？

拿一位抑鬱症患者舉例，我們可以叫她小宋。

小宋是位女大學生。她小的時候，有一件事對她的影響很大。她爸爸的同事，一位她非常喜歡的叔叔，在一次執行飛行任務時英勇犧牲了。原本他是可以提前跳傘的，但是如果那樣的話，飛機就會墜落在坐滿人的小廣場上。為了多數人的利益，他選擇犧牲自己。

當小宋抑鬱爆發到高峰的時候，她無法忍受這種痛苦。更多的，是無法容忍自己正在一點點地變成一個喪失自理能力、瘋癲、惹人厭煩的累贅。她覺得自己不應該成為朋友和家人的沉重包袱。她在頭腦中產生了一種固執的聯繫，認為就像小時候犧牲自己來挽救他人性命的飛行員叔叔一樣，自己也能為家人、愛人、朋友做出犧牲，她可以卸掉他們身上的包袱，解決掉這個累贅，唯一的做法就是，選擇自殺。

現在，可以說，關於抑鬱症的最大的謎團揭開了——**對抑鬱症患者而言，自殺並不是對親人的傷害，而是一種成全和解脫！**

現在你可以理解抑鬱症患者的選擇了嗎？因為理解了這個，才能更好地幫助他們解開心結，打消顧慮，有效地阻止自殺的發生。

第十一章
違背我們的意願

性侵

幾乎沒有一位動物學家認為，動物會在自己的棲息地進行性侵。動物世界裏的性，包括那些人類近親——靈長類動物的性，被稱為「交配」。它是一種周期性行為，由雌性動物發出生物信號而起。所以説，動物之間的交配，由雌性的求歡週期決定和控制。

當雌性動物進入周期性發情期時，便會發出明顯的身體信號，表明牠已經準備好並渴望交配，這時，雄性才對雌性產生性興趣。換作平時，不感興趣，就不會產生交配行為。

但人類卻不然，人類一年 365 天，天天可以發生性行為，同時，性行為並不受制於女性的求歡周期。在人類世界裏，女性不會「膨脹成粉紅色」，人類對性的呼喚發生在頭腦中，性行為本身與生殖模式並沒有必然聯繫。由於缺少這種生物學規定的交配期，人類男性任何時候都可能對他喜歡的人類女性表示出「性趣」。他的心理衝動根本不管她是否有生理渴望，是否願意配合，於是，人類便有

了「強姦」這一獨特的行為模式。

在這裏，我們要聊的便是人類獨有的這一種「罪惡病態」行為，來解決以下的問題——

強姦的原因是甚麼？是由暴力引發的，還是由性慾引發的呢？
為甚麼說有些強姦的原因就隱藏在我們生活中的點滴，比如影視作品之中？
關於強姦，這裏面有甚麼誤會？
從受害者角度講講，怎樣應對強姦留下的創傷？

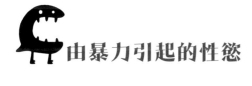

由暴力引起的性慾

首先我們從當事雙方的不同角度來看一個強姦案例。

對受害者而言，她認為：「從來沒想過這種事會發生在我身上。」

受害者說：

「我第一次遇見他是在一次聚會上。他外貌不錯，且笑容很好看，我想認識他，卻不知如何開始，我不想表現得太主動。這時候，他走過來介紹了自己。我們聊得很投機，發現有很多共同點，我真的很喜歡他。當他邀請我到他家喝點甚麼的時候，我想這應該可以。他是一個很好的聆聽者，我希望他以後繼續約我出去。

「當我們到他家的時候，發現唯一能坐的地方就只有床了。我不想他誤會我，就聊了一會兒，然後他向我靠近了，我很害怕。他把我推倒在床上，我試圖坐起來並告訴他停止，但他實在太強壯了，我非常害怕並哭了起來。我最終妥協了，我被強姦了。我從來沒想過這種事會發生在我身上。」

對施暴者而言，他認為：「為甚麼她如此掙扎反抗？」

施暴者說：

「在聚會上，她給我的感覺很不錯，她說話時一直笑着摸我的胳膊，看得出她喜歡上我了。當我請她去我那兒喝酒時，她答應了，我知道，我的機會來了。

「當我們到家時，我們坐在床上聊天。開始時一切都很美好。接着，我把她放倒在床上，她開始反抗說她並不想這樣。我明白，大部分女人不希望自己看起來太隨便，所以我知道她只是想表現成這樣。當她大聲哭泣時，我知道，在我們做愛之前她必須假裝流幾滴眼淚。

「我們結束後，她仍然很沮喪，這我就不明白了！」

案例就說到這兒，下面我們開始解決今天的第一個問題，也是很多對強姦事件關注的人心中最大的疑惑——強姦發生的原因到底是甚麼呢？

一提到強姦，顧名思義，有「強」，還有「姦」，於是很多人就會想：強姦與暴力和性慾脫不開關係。那強姦是由暴力引發的，還是由性慾引發的呢？

大多數強姦犯，跟正常男人一樣，有正常的性喚起，他們可以在雙方互相滿足，並兩相情願的情況下，發生性關係。但是與正常男人又不一樣的是，除此之外，**有些強姦犯還會對暴力和攻擊本身產生性衝動**，也就是說，他們愈是採用暴力手段強迫對方的時候，自己反而會愈興奮。還有很多強姦犯，是只能靠暴力手段來達到性興奮，面對一般的性刺激，他們無動於衷。在某種層面上來說，**這種強姦犯也算是一種性虐待狂。**

所以，這裏回答這個問題：強姦是由暴力引發的呢，還是由性

慾引發的呢？實際上，**強姦是由暴力引起的性慾而引發的**。

這是從暴力和性慾的角度來分析強姦的原因，也是最常見的解釋之一。

 強姦發生的集體潛意識

強姦的發生，有很多潛在的動機。

這裏我不想過多地停留在比較普通的解釋層面，而是想換一個切入點，從另一個獨特的角度，來挖掘強姦背後更深層次的原因。

這個角度，就是我們的集體潛意識。**在集體潛意識中，強姦的發生，是由兩股力量糅合而成的。這兩股力量分別是「男權主導的思想」和「女人被動與等待的地位」。**

首先說，男權主導的思想。

在我們當今的人類社會中，一直縈繞或者鼓吹着一種「男權社會」的思想。其實，說實話，這個思想本身恐怕是個不爭的事實，就算在對女性尊重程度已經很高的北歐國家，對男女平等的呼籲和權利爭取的鬥爭，也一分一秒沒有停息過。在這裏，我們的社會是否男權社會，男權社會的好與壞，不是我們討論的重點，我們討論的重點是，**當社會中過度鼓吹男權思想後，會導致一種意想不到的局面發生。就是很多男性，會幼稚和錯誤地以為，所謂的勝利就是支配和貶低女性，他們寄希望於建立一種凌駕於女人之上的不可撼動的力量和權力，來從中得到無比滿足的成就感和優越感。**

由於這種對男性特權的過度自信，使這部分男人認為，在自己創造的二元對立中，一方幹甚麼，相對的另一方就會「被幹」，如

果他們想強姦，另一方就會同意被強姦。所以在上面的案例中，強暴者不明白對方為甚麼會反抗，他認為他想去做的，另一方就會心甘情願地接受。

再來說女人被動與等待的地位。

還是孩子的時候，我們就聽説了這樣的傳聞：女孩會被強姦，男孩就不會有這樣的遭遇（當然，同性強姦等特殊情況，暫不在我們這次的討論範圍內）。於是我們就得出這樣一條清晰的資訊：強姦與我們的性別有關。強姦對女人而言是恐怖的事，是樓梯盡頭的那團黑暗，是角落裏無法辨別的深淵，除非女性小心謹慎地走好每一步，否則那將是每個女性終極的噩夢。

強姦不知不覺地滲入我們生活的點滴。對女孩而言，作為受害者的無助，被潛移默化地灌入到某種認知之中。

比方説，在一次對着名電影導演希區柯克的專訪中，當記者要求希區柯克描述一下自己選擇電影女主角的標準時，他給出的答案包含了一個特質：脆弱！通常，我們對「脆弱」的定義是「易受傷，或對攻擊沒有防禦力」。再進一步，可以説是「等待被拯救」。實際上，希區柯克道出了他大部分同行的想法。這一點可以從——《大力水手》每一集的任務，就是水手要拯救他的女友；《超人》中的超人需要拯救地球兼女友；《蜘蛛俠》裏的蜘蛛俠也需要營救他的女友；甚至連遊戲《超級馬里奧》裏的設定，也是要馬里奧救回被惡龍掠走的公主——這些「經典故事」裏得到完美的證實！後來，偶有女性英雄的角色出現，也被稱之為「驚喜」。何為驚喜？不就是少見和反「常規套路」嗎？

荷里活夢工廠的大師們選擇了符合他們性幻想和價值觀的女主角，而他們的性幻想和價值觀的輸出，其實對女性的真實生活有着重要意義——會指導周圍人和女性自己，如何看待女性的性別角色。

這就是為甚麼説**有些強姦的原因就隱藏在我們生活中的點滴**

中。女性的性別角色，在「主流」的價值觀中，就是這樣被定義的：被動、無助與等待。

但是，需要辨明重要的一點：女人的這種「被動與等待」的性別定義，不是說，女人在遇到強姦時不會反抗。而男人卻會因此錯誤而荒謬地認為，女人在遇到強姦時不會反抗。

強姦犯內心深處認為：
所有的女人都想被強姦；
沒有哪個女人是在違背自己意願的情況下被強姦的；
她自己想被強姦；
女人會逆來順受；
如果被強姦，最好放棄抵抗，放鬆地享受；
女人說「不」，其實是在同意。

所以在一開始的案例中，強暴者不顧受害者的哭喊，認為她只是嘴上說不和需要假裝流幾滴眼淚。

以上兩點社會集體潛意識，**男權主動的思想和女人的被動與等待聯手產生影響，在強姦犯的腦中種下錯誤的認知，最終導致他們違背了女人的意願，向她們施暴。**

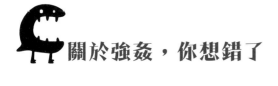

關於強姦，你想錯了

關於強姦有甚麼常見的誤會？

誤會一：有人認為，強姦的受害者都是年輕漂亮的女性，她們打扮時髦性感，因此才容易成為強姦犯下手的對象。

我們來看一個案例，來自一份受害者的證詞——

本人今天 67 歲。那天，一個身穿綠色制服的年輕人跟着我進了我居住的公寓大樓的電梯。他向我詢問一個房客的房號，我告訴他我不認識那個人。我問他：你是快遞公司的嗎？我有個包裹沒到。他問了我的名字和房號，告訴我他會下樓到車上幫我查一下。幾分鐘後，門鈴響了，我從門的防盜鏡中看見那個年輕人拿了個包裹站到門外，於是我開了門。

他手裏拿了個「士巴拿」，把我推到牆上，開始擊打我的頭部，我後來縫了 5 針。他讓我到床上去，扒了我的內衣，然後強姦我。之後我看着他翻了梳妝台的抽屜，拿了些首飾和錢。走之前，他警告我不許聲張。

這個例子可以說明，任何女性都可能成為強姦受害者，包括年幼的、年長的，漂亮的和不那麼漂亮的。而且，保守的生活方式之類的因素，也並不能使女性免遭強姦。所以有人就說，強姦通常是「被生態學束縛」的犯罪，就是說**強姦這個行為跟環境因素有很大關係。強姦犯的個人喜好其實不重要，因為強姦是機會犯罪，而機會總是頻繁地出現在熟悉的環境裏，確切點說，是強姦犯熟悉的環境裏。**

誤會二：強姦時乖乖順從，不要反抗就能安然無恙。

那麼順從對受害者來說，有幫助嗎？

答案是否定的。

一旦強姦犯露出猙獰面目，受害者即使勉強合作，不叫喊不掙扎，也不能保證安全。無論受害者想得多好，麻木地順從或不抵抗政策，並不能使其免受其他傷害。

一個案例可以說明這一點。

1966 年，芝加哥的 8 名實習護士，在兇手一個人一把刀的威

脅下，順從地將自己用床單綁起來，然後被一個一個帶出房間。這次殺人案的唯一倖存者，一個23歲的女人，曾建議其他人一起逃跑，因為她們是有逃跑的機會的，但是其他人卻反過來叫她不要害怕，不要有激怒兇手的舉動，因為他只是強姦。

這位倖存的女人見勸説無望，一個翻身滾到床底藏起來了。興頭上的兇手忘了數人數，將其他女人一個個像待宰羔羊一樣殺死了。第二天清晨，留下8具屍體，都是被刀捅死或被勒死的。

所以，怎樣應對強姦，這是個值得思考的問題，絕不是反抗或者放棄反抗那麼簡單。受害者將面臨一個靠智慧逃生的極大挑戰。

受害女性在肉體創傷恢復後，還會遺留一定程度的情感創傷，她們可能會哭泣、會尖叫、會顫抖，也可能異常沉着，還可能會發出不合時宜的微笑，也可能大笑着講述自己的經歷。對於這種強姦後創傷，既沒有統一的反應，也沒有一致的恢復期。但是，每個受害者都幾乎要經歷相似的心理過程。就是我們接下來要講的最後一個問題，從受害者角度講講，怎樣應對強姦留下的創傷？當你了解了這些必經的心理過程，就能更好地應對強姦的創傷。

同時借着這個問題，也給有過類似遭遇的人打氣，**當你遭遇了性侵後，出現了某些很可怕的心理狀態的時候，不要怕，要冷靜，你要知道這些都是正常的心理反應。並且，你終將安然度過這些階段，迎來生命的重建。**

四個階段重建受害者心靈

受害者應對強姦時的心路歷程，分為四個心理階段：

第一個階段，叫預期階段。

這一階段發生在實際的強姦之前，當強姦犯「瞄準」一個受害者之後，受害者開始感覺到危險的存在時。在這個階段的最初幾分鐘，受害者常常會使用心理防禦機制，比如否認，來保持一種不會受到傷害的幻覺。通常的想法是，認為「這種事不可能真的發生在我身上」，或者「他並不是真的有那種企圖」。

第二個階段，衝擊階段。

這一階段開始於受害者認識到她將要被強姦，到強姦完成後結束。

這個階段受害者的反應，通常是感到巨大的恐懼，那種對自己生命造成威脅的恐懼。這種恐懼遠比性行為本身要恐怖得多。這種恐懼會帶來一種麻痺的效果，會讓受害者身體的功能不同程度地瓦解，甚至失去行動能力，動彈不得。心理學研究表明，人們在體驗到強烈的焦慮時，確實會進入身體不能動彈的狀態。

第三個階段，叫創傷後退縮階段。

這個階段在強姦結束後就馬上開始了，並持續好幾個月。受害者會出現兩種情緒風格。其中一種受害者會通過哭喊、大叫和焦躁不安來表達自己的憤怒與恐懼。另一種風格的受害者看上去就像戴了面具，有一個平靜、克制、自控的假像。不管是哪種風格，受害者內心都是痛苦不堪的。尤其是難以釋懷和後悔，自己為甚麼不在受到強姦時多做反抗和努力。

但是我們也知道，她做不了甚麼，因為事件發生時，她受到心理衝擊而使身體麻痺，在「創傷後遺症」那個章節裏曾講到，這是在受害者身上發生了無法避免的「強直靜止」的現象。

這個階段的受害者，恐怕是沒有辦法靠自己來消化這痛苦的侵蝕的。所以，這時應該積極地、勇敢地向外界尋求幫助和支持，要求朋友和父母陪伴自己共度難關。

最後一個階段，叫重建階段。

這個階段，最難挨的時刻已經過去了，受害者開始自我恢復。這一階段的一些行為表現也很典型——

比方說自我保護活動，更換自己的電話號碼，或搬到一個新地方居住。

還有，強姦體驗還是會反復侵入噩夢之中，但別擔憂，這很常見，隨着內心自我的重建，夢的內容會逐漸改變，直到徹底消失。

被強姦後會出現恐懼症，害怕獨自一人、害怕人群、害怕被跟隨，以及對性的恐懼。這也是這個階段經常出現的狀況。所以，還是那句話，不要驚慌，也不要獨自苦苦支撐。要勇於跟他人分擔自己的痛苦感受。讓外界的愛與溫暖，充滿你那備受折磨的內心世界，靠這些正能量打敗盤桓在你體內的那條惡龍。

第十二章

游走在天堂
和地獄兩極

邊緣型人格障礙

　　說起「邊緣型人格障礙」，可能很多人沒有想到，有一個非常有名的人，就是這個病的典型患者——瑪麗蓮·夢露。

　　可以說夢露的一生，包括她最終令人唏噓的結局——紅顏早逝，無不是在受着邊緣型人格障礙的影響。在她那短暫的幾次婚姻當中，第三任丈夫是這樣描述她的：「當時的她在我眼中是一團絢麗的光，她渾身充滿矛盾，像謎一樣誘人。前一刻還像街頭的一名悍婦，後一刻卻又流露出詩人一般的敏感。」終其一生，瑪麗蓮·夢露都討厭獨處，害怕被拋棄。成年以後，她頻繁出入精神病診所，至少 3 次自殺未遂。1962 年 8 月 5 日，她終因服用藥物過量而香消玉殞。

　　為了讓大家能夠了解，邊緣型人格障礙究竟是怎樣一步步將如此著名的人物推向萬劫不復的境地的，接下來，說一說下面幾個問題——

到底甚麼是邊緣型人格障礙？它是如何危害患者的生活的？

邊緣型人格障礙的成因是甚麼？

怎樣判斷你愛的人是否有邊緣型人格障礙？

我們該怎樣跟邊緣型人格障礙患者相處，或者說如何幫助他們？

「愛恨就在一瞬間」和「自殘與自殺傾向」

雖然邊緣型人格障礙並不像反社會人格障礙那樣被人熟知，但患這個病的人可不在少數。而且從某種意義上來說，邊緣型人格障礙是比反社會人格障礙要嚴重得多的一種心理疾病。

因為它直接毀掉了患者的社交圈，這對社會動物來說，影響是致命的。同時，邊緣型人格障礙對身邊的人，尤其是愛他們的人傷害也很大。

邊緣型人格障礙患者有兩個突出的特點：「愛恨就在一瞬間」和「自殘與自殺傾向」。

先說第一個特點，為甚麼說他們「愛恨就在一瞬間」。

如果我們仔細觀察邊緣型人格障礙患者的大腦，探尋他們的思維方式，我們會發現，他們生活在一個極端的世界中。對他們來說，事與人非黑即白，非好即壞，沒有甚麼中間地帶。**我們大多數人會將對某人的正面感受和負面感受相結合，找到一個中間點。然而邊緣型人格障礙患者無法調和這兩個方面。**

他們如果欣賞或者尊敬某人，就會將其捧到一個非比尋常的高度，遠超過一般意義上的欣賞與尊敬，他們甚至想把星星摘給這個人。但是，下一秒鐘，一旦他們對其感到失望，又會毫不留情、不假思索地從高處將其踢落。

這種兩極性也體現在邊緣型人格障礙患者的情緒上，前一秒鐘，他們會因為一點事而感到興高采烈，歡歡喜喜地跳着走出家門，下一秒鐘，又會因其他一些雞毛蒜皮的小事而崩潰地大哭着回來。情緒的大開大合，如疾風驟雨般猛烈鮮明，讓一般人招架不住。

邊緣型人格障礙的這種游走在天堂與地獄兩極間的情感狀態，會造成一個非常嚴重的問題，就是「不穩定的社會關係」。試想一下，如果你身邊有這樣一個前一分鐘還對你濃情蜜意，誇你是他這輩子遇到的最好的人，下一秒鐘，又因為你做的一點小事，就突然變臉，兇神惡煞，恨不得上來將你千刀萬剮的人，恐怕你也是接受不了的吧？你大概會從此對這個人敬而遠之。

有一位邊緣型人格患者，在康復後的回憶中，是這樣説的。

她説，自己當時與心理醫生相處時，是一種分裂的狀態。當醫生表現出同情時，她覺得醫生是最可愛的人，甚至把醫生想像成自己的兒子。但當她覺得醫生稍顯疏遠時，她的感覺天秤便砰的一下指向另一個極端，她想着要報復和毀掉這個醫生，於是她便報警説醫生要非禮她，甚至強姦她。然後當醫生又換回她認為的親切模式時，這位元患者又覺得醫生像她的兒子了……然後這個過程周而復始。

邊緣型人格障礙的這種在兩個極端來回游走的狀態，便是夢露前夫所説的：「她渾身充滿矛盾，像謎一樣誘人。前一刻還像街頭的一名悍婦，後一刻卻又流露出詩人一般的敏感。」

這種衝突性很強的狀態，潛在的危害非常大，它影響了邊緣型人格障礙患者看待世界、看待自己、看待親密關係的方式，也導致身邊人對他們失去了信任和關愛。

邊緣型人格障礙患者的下一個顯著特點是：非常偏愛自殘和自殺，發起火來連自己都不放過。

有一位邊緣型人格障礙患者是這樣描述他自殘時的感受的——

「我的人生，經常會走進黑暗地帶。我常常感覺自己的人生被控制着無法逃脱，而自殘是讓我得到喘息的機會。自殘的主要表現就是你有割傷自己身體部位的衝動，就我來説，我想切我的胳膊和腿。我記得自己小時候就很抑鬱，在 8 歲時我第一次自殘，我獨自承受着這種痛苦，並沒有人發現我的傷疤。但是即使在那麼小的年紀，在疼痛後我卻感到一種釋然。有那麼一小段時間，自殘後的淡然，能讓我面對外界所有的問題，享受那份自由。即使在今天，我仍然覺得有用這種方式安慰自己的必要。」

對邊緣型人格障礙患者來説，自殘有程度之分，有的只是掐自己的皮膚，將自己的腿掐得青一塊紫一塊。有的會用剃刀在自己身上劃口子，深到需要縫針。其他自殘方法有諸如燒傷、烙傷、穿孔，甚至往自己的手臂上倒熱水。自殘成為一種強迫性行為，因為它在某種程度上有一些作用。壓力愈來愈大的時候，便會通過傷害自己來緩解。

自殘不是想死，自殘的人只是想轉移情感上的痛苦，想懲罰自己、麻木自己、緩解壓力，想表達憤怒、訴説壓力。而且劃傷會令身體釋放胺多酚，胺多酚是大腦中的一種化學物質，能使人感覺良好。同樣，**邊緣型人格障礙患者的自殺也是如此，死亡就像一個逃離的幻想。企圖自殺與自殘的患者，他們並不是想死，而是無助急切地想要結束痛苦。**

一位邊緣型人格障礙的女患者是這樣説的：

「我的絕望感讓我想毀滅自己，我總是愈來愈瘋狂。如果我濫用藥物，吃了兩百顆藥，還對生活不滿，那麼下次我會吃四百顆。我過去有一種難以抑制的、不理智的需求，我需要懲罰自己、毀滅自己。這就是我人生唯一的目的。空虛和寂寞很難忍受。」

於是，為此，瑪麗蓮·夢露「頻繁出入精神病診所，至少 3 次自殺未遂」。

　　邊緣型人格障礙患者除了這兩點主要的特徵以外，還有其他的一系列表現，比方說——

極度害怕被人拋棄。就像前面說的，終其一生，夢露都討厭獨處。

控制情緒和耐受挫折的能力非常差。

經常出現不計後果的衝動行為，情感爆發時可能會暴力攻擊別人。

有衝動性的酗酒、揮霍、偷竊、濫用藥物等行為。

大腦和外部環境的內外夾擊

　　那麼，邊緣型人格障礙的成因是甚麼呢？

　　這個要從「裏外夾擊」的角度來分析，首先是內部，我們的大腦。

　　很多人一聽心理學，就以為心理學差不多是跟心臟有關係，即使不是，那也離得不太遠，認為心理學就是「走心」。然而在心理學上有一個重要的定義，叫作「心理是腦的機能」，是大腦在決定我們的思考、感受和行為方式。所以，心理學不是「走心」，是「走腦」。

　　大腦分為三個區域：大腦皮層、邊緣系統、腦幹。

　　每一個部分都有專門的分工：

　　大腦皮層，控制「思考」，智商測試針對的也就是大腦皮層，大腦皮層也是驗屍時能看到的部分。

　　邊緣系統，包括控制情緒的杏仁核，此部分掌管「感受」和「情緒」。

腦幹，控制呼吸、消化、心率等。當某人「腦死亡」，腦幹是唯一還在運行的部分。

下面，就從大腦的角度來說說，**導致邊緣型人格障礙的原因**是甚麼？

首先說，**大腦皮層**。

一個世紀以前我們就知道，在人的個性形成發展的過程中，大腦起到了非常重要的作用。當時發生了一件事，一個直到今天，在心理學教材中仍然反復提到的經典案例。

有一個名叫菲尼亞斯·蓋奇的鐵路工人，遭遇了一場離奇的意外事故。他在填炸藥的時候，火星意外點燃了炸藥，炸藥爆炸的巨大衝擊力，讓一根鐵棒穿入了他的大腦，穿過了他的左臉，從頭頂穿出。但是，他卻奇跡般地活了下來，直到 13 年後才去世。

這場事故雖然沒有要了蓋奇的命，但是要了他的「靈魂」。

在這次事故之前，蓋奇是一個情緒穩定的人，認識他的人都認為他聰明、精力充沛、開朗又樂觀，是個很好相處的人。然而事故以後，蓋奇卻性情大變。他喜怒無常，髒話連篇，尖酸刻薄，且經常暴跳如雷。他的變化如此之大，他的朋友都認為他已經不是蓋奇了。

為了搞懂蓋奇的巨大變化，20 世紀 90 年代，有科學家使用了最先進的技術，以探明事故對大腦的影響，他們發現，鐵棒破壞了蓋奇的大腦皮層結構，讓蓋奇迷失了心志。

那麼，**導致邊緣型人格障礙的大腦問題具體是甚麼呢？部分原因在於，人類大腦皮層發生了故障，也就是控制「思考」的部分出現了問題。**這將導致他們不能恰當地對感覺輸入加以分類，也不會按照正確的時間順序來進行記憶，更沒法將外部世界跟自己的認知

匹配起來。其結果是，邊緣型人格障礙者就會在短時間內變得喜怒無常、出爾反爾、行事乖張。小事情和無心的話語都會讓他們感到不可思議，失去控制。

再來說大腦的邊緣系統。

有一個叫作杏仁核的器官，位於大腦的邊緣系統內，它可是情緒的「心臟」。儘管杏仁核只有一顆杏仁那麼大，但作用非凡。

當某人正在經歷某件事時，大腦其他部位負責客觀地敘述事實。比如，一個參加同學會的人會想：「高中同學會上，我見到了老同學老李。他的頭髮掉了，長胖了點。而且聽說他老婆離開他了。」

此時，杏仁核則負責產生情緒。比方說，如果這個人曾是老李的朋友，那麼看到老李窘迫的現狀，他或許會心生同情；如果這個人之前就跟老李有過節，那麼老李現在的窘狀，則會讓他幸災樂禍，搞不好還會笑出聲來！

如果邊緣系統中的杏仁核出現了故障，會導致人情緒失控，想自殺、自殘，突然暴怒，引發邊緣型人格障礙。

除了內部大腦的影響因素外，還有一部分外部家庭環境的原因：

邊緣型人格障礙患者，童年時基本都遭受過情緒極不穩定的父母的影響和虐待，導致他們人格分裂，無法將好與壞兩極融合，無法對世界產生統一和綜合的觀念。從而，對世界缺少安全感，認為事情要麼是十全十美，要麼就是十惡不赦，沒有其他選擇。然而這兩者都是不現實的，於是只好在這兩極震盪中形成一種極其不穩定的人格——邊緣型人格。

「最愛我的卻傷我最深」

邊緣型人格障礙的最大的問題，就是對身邊的親近之人造成傷害。而且，很多被傷害的人，還不知道究竟為甚麼會這樣。只認為可能是兩個人的感情出了問題，其實這裏面，是邊緣型人格障礙在搞鬼。那麼這裏，我就來說說，如何判斷你的愛人是否有邊緣型人格障礙。

注意以下這幾個問題，回答「是」或者「否」。

他是否僅以兩種方式來看待你：要不就是一個從未愛過他的可恨的人，要不就是一個應該無條件愛他的人。

他是否在爭吵理論時總不給你留退路，將你置於必敗的境地？

是不是每次爭吵到最後都是你的錯？是不是頻繁受到他的批評和責罵？

你們有沒有一種情況，本來一切看起來都很平靜，但不知為了甚麼，突然就陷入劍拔弩張的緊張局面中？

當他生氣時，事態是否會升級為不擇手段的惡毒攻擊，讓你無力招架？

你是否感覺自己被操控，不再相信他？

你是否開始感到有些不現實？長期與行事誇張的他相處，你也變得神經兮兮，開始疏遠其他的朋友和家人？

如果以上問題大多數答案為「是」，那麼你愛的人，很有可能患有邊緣型人格障礙。

「以不變應萬變」

與身邊的邊緣型人格障礙患者打交道的訣竅，就是一句話，「以不變應萬變」！

邊緣型人格障礙患者的心情變化極快，對周圍人的態度也是一天一個樣。心情好的時候，你在他眼中會閃閃發光。可一旦碰上不順心的事，情況便急轉直下，他會怒氣衝衝地朝你發洩。

因此，我們必須保證自己的態度穩定、淡定。無論邊緣型人格障礙者如何變，我們不變。

如果我們跟著他們的步子走，陪他們高興，陪他們難過，陪他們一喜一怒，我們很快就會被他們「帶跑偏」了。**我們應該從冷靜的視角看待問題，用平靜的語言去抵消他們的情緒，淡定地應對他們的多變。同時，也要釋放一個信號——你是有底線的人。**要告訴患者，你的底線在哪兒，底線以上可以，以下就不行。這樣以便讓患者清楚，他們要想真正康復，要做的是改變自己。

有研究表明，針對邊緣型人格障礙患者的追蹤調查中，有半數患者在 10 年後擺脫了這種障礙。而這些患者的身邊，正是那些淡定的人在陪伴。他們不會跟著患者的節奏走，也不會戰戰兢兢、小心翼翼地陪護，而是沉著鎮定，靜靜守候。這樣他們才能成為患者的心靈支柱，這才是真正的幫助。

第十三章

誰在操縱你？

操縱與反操縱

　　最早想聊操縱術這個話題，是因為看了一部美劇《血族》。劇中有一種傳染病會讓人變成血族，這種傳染病靠蟲子傳播，如果蟲子進入你的體內並且繁殖，你就沒救了。而這些傳播傳染病的蟲子，則來自一位邪惡的大 boss──血祖，就是血族的祖宗。

　　被感染而變成血族的人，會迅速變異成一個全身沒有毛髮的怪物，口中長出像青蛙舌頭一樣可來回伸縮的恐怖器官，用它來吸食人類血液為生。更重要的是，血族會像行屍走肉一般喪失自己的心志，沒有自己的思想，一切全憑大 boss 血祖的意願行事，像昆蟲一樣本能地服從命令。

　　其實在我們的現實生活中，也有「血祖」的存在，他們靠著某些操縱手段，像《血族》中傳播傳染病的蟲子一樣，來將他們的意願強加於別人身上。被強加意願的人，便成了被感染後的血族，喪失自己的意志，一切任由操縱者擺佈。

所以接下來，我們來分別探討以下問題——

那些操縱者的操縱手段是甚麼？
如何判斷誰是你身邊的操縱者？
我們如何反操縱，對付各種各樣的操縱者？

兇險的操縱者

生活中，那些操縱者的操縱手段是甚麼？

跟美劇《血族》裏，大 boss 感染其他人只要噴出一堆蟲子相比，現實生活中的操縱者要想成功地操縱別人，用到的手段可就複雜和有技術含量多了。

下面我就為大家一一介紹這些手段。當你了解了這些操縱手段之後，你其實也在一定程度上明白了該如何反操縱。

第一種操縱手段，可以被稱為「勺子殺人狂」。

《勺子殺人狂》來自一部電影的名字。這部電影講的是：

有一位法醫學家，某天晚上他走在大街上，突然被人從身後敲了一下後腦勺，他轉過身準備發火，看見一個身穿黑色風衣，臉色煞白，畫着奇怪熊貓眼，手拿一個大勺子的怪人，這個人就是勺子殺人狂。

在這之後，那個怪人就一直用勺子追打着這位法醫學家，無論他在哪兒，不論在幹甚麼，勺子殺人狂始終如影隨形，在他身邊用勺子慢慢地折磨他——一下接一下，不停地敲打他。最奇怪的是除了法醫學家之外，其他人都看不見這個怪人。

一次襲擊中，法醫學家無意間看到怪人左手有一個印記，於是他憑藉記憶畫下印記，來到日本詢問印記的由來。一個相貌恐怖的驅魔老婆婆稱，印記為日文，意為「勺子」。該印記源於一種詛咒，中了該詛咒後就會受到每天 20000 次的勺子敲擊，直到死亡為止。法醫學家雖然不信命拼命反抗，但最終還是被日復一日的勺子敲擊而死。

「勺子殺人狂」指的是操縱者對被操縱者進行持續打擊！或者叫持續貶低，持續精神打壓，讓被操縱者覺得自己不行，一點一點瓦解他的內心，從而達到操縱的目的。

操縱者們會對別人不知疲倦地、重複地進行批評，雖然絕大多數時候那些都是無理的指責。然而，就是因為這些微不足道，並不存在的錯誤，被操縱者「開始懷疑人生」，內心的堡壘土崩瓦解。操縱者老是重複這樣的話，「你就像你姐姐一樣可憐（她姐姐死在了精神病院）」、「你真是自私」、「你留不住一個男人」、「你跟你爸媽一個德行」、「你是個醜女人」、「你向來一事無成」。

日復一日，這些話不斷重複，迴圈播放，慢慢就對聽者的自信產生了災難性的打擊。即使有其他人對他們讚賞有加，也不足以讓他們重建自信。慢性打擊，最為致命！

第二種操縱手段，叫作「罪該萬死」。

11 歲的女孩小萌，在她爺爺去世以後就連連做噩夢，每天晚上都無法安睡，日漸枯槁。家裏人特別着急，能想的辦法都想了，甚至一度以為是不是在葬禮上衝撞了甚麼，連「驅魔作法」的神婆都請來了，但還是不見一絲好轉。後來有人提議說，要不要去看一下心理醫生，這才找出了幕後「黑手」。原來，在葬禮那天，小萌的姑婆不知出於甚麼目的，對她說了這麼一句話：

「你爺爺是為了讓你活着才死得這麼早！」

　　這句話的殺傷力是毀滅性的。就是這麼一句話，讓小女孩充滿了負疚感，感覺自己罪大惡極，是自己害死了爺爺。她的潛意識裏就是這麼認為的，所以，每個晚上，她都在痛苦裏掙扎，在噩夢裏贖罪。

　　讓別人產生罪惡感，是操縱者使用的一種很常見的手法。他們把錯誤轉嫁到別人身上，借此拷問、折磨對方的感情。

　　從本意上來説，罪惡感其實是一種很善良的情感──真正的惡人並不會有罪惡感。

　　罪惡感潛藏在內心深處，不易被發覺。但它會在心底引發可怕的暗潮，它能夠破壞你不管是在社會上、家庭中，還是職場上，所有領域裏的一切成功；它會阻擋我們看清身邊的幸福，甚至還有最簡單的快樂。因為罪惡感讓我們的自我評價和自我認同下降了！

　　當一個人做出某種行為時，被悄然萌發的罪惡感不露痕跡地干擾，甚至圍剿，就會激發焦慮的情緒，如果罪惡感出現得過於頻繁，就會導致心理疾病。可以説，一些最為嚴重的心理疾病，都是由罪惡感引發的！

　　那操縱者又是怎樣讓別人產生罪惡感的呢？

　　他們有一張王牌，百試不爽，**那就是「犧牲」。**

　　比如，作為父母的操縱者不用任何技巧，只憑藉着自己的「付出和犧牲」，就已經能使他們的孩子產生罪惡感──「我整天辛苦工作，不捨得吃不捨得穿，就是為了供你讀書」，或者「我早就受夠了這種生活了！我之所以還沒跟你爸離婚，苦苦煎熬，還不都是因為你」。

　　第三種操縱手段，叫作「雙重困境」。

舉一個非常典型的例子來幫助各位理解甚麼是雙重困境——

一個女人要求她的丈夫拼命工作，為家庭提供充足的經濟來源，但另一方面又不停地抱怨，說他只顧着工作，都沒甚麼時間陪她。

對丈夫來說，這就是一個雙重困境：到底應該遵循哪一條資訊？在以上兩種情況中，他的妻子都不會滿意。當丈夫問他的妻子自己究竟應該怎麼做？妻子答：你要掌握這個度，自己悟！

雙重困境，也可稱為雙重束縛，是指一種交流中的情感困境，其中的個體接收到兩種或更多衝突的資訊，資訊之間互為悖論。這是一種無法獲勝的情境，在這樣的情境中，個體無法解決，或者逃出。

關於「雙重困境」，再舉一個例子。

在咖啡館打工的小李訴說了他目前的困境：

上個周二的晚上，老闆過來看小李。老闆問他在晚上值班的時候有沒有看到甚麼東西，因為咖啡館的一扇窗戶被塗鴉弄髒了。小李並不知情，因為他一直在吧台後面，不可能看見那扇窗戶。想要看到那扇窗戶，必須離開工作崗位走到大街上。後來小李去看了，確實，玻璃上都是塗鴉。

老闆一再問小李，到底有沒有注意到甚麼反常情況，他非常確定，就是小李值班的那晚玻璃被弄髒了。老闆讓小李以後盯着點，抓到那個畫塗鴉的人。

小李覺得其中有詐！為甚麼這麼說？因為老闆上個月開除掉一個員工，理由是那個員工總是在晚上值班的時候擅自離崗，走到街上去。老闆不允許店員在工作時離開店裏，發現了就開除。所以小李現在面臨雙重困境——

A. 老實待在工作崗位。但這樣的話，就不能抓到畫塗鴉的人，滿足不了老闆的要求。

B.　離開工作崗位上街，可能就會抓到正在塗鴉的人，但也會面臨老闆的責罵和被開除的下場。

　　實際上，老闆早就想跟一些人解除勞動合同，又不想賠償，所以才想出了這種手段。

　　以上就是**幾種常見的操縱手段——反復打壓，讓對方有罪惡感和設置雙重困境。**

　　操縱者如此兇險，且現已四處蟄伏，準備伺機而動，不知道誰就是下一個受害者。如何才能在被操縱之前，就發現他們的存在呢？

　　如果滿足以下 10 條特點，那麼我們就可以判定他很可能就是一個操縱者！趕緊檢測一下你身邊是否正潛伏着這樣的人？

　　請對號入座！

1.　懂得把自己擺在受害者的位置，為的是獲取別人的同情。
2.　質疑他人的品德、能力和個性，有意無意地批評、貶低、評論他人。
3.　模糊不清地表達着自己的需求、慾望、感受或者觀點。
4.　在談話的過程中，突然生硬地轉變話題。
5.　以親情、友情、愛情等名義，覬覦他人之物。
6.　說謊。
7.　變相地威脅他人，或者光明正大地勒索敲詐。
8.　善變，根據不同的人或環境改變自己的觀點、行為和情感。
9.　推卸自身責任，甚至把自己的責任推到他人身上。
10.　強調別人的無知，總表現得高人一等。

　　下面我就將它們結合到具體案例中，來說一下你身邊的操縱者會是甚麼樣子的。

有一天，還在上班的李女士接到了奶奶的一個電話，以下是對話原文，看看李女士的奶奶是怎樣施展她的操縱術的——

李女士：「媽，你找我有事？」

奶奶：「是這麼回事，我今天跟你阿姨（一個鄰居）聊天，她家的兒媳婦生了二胎，是個男孩。」

李女士：「真的啊，恭喜她了！」

奶奶：「你今年多大了？」

李女士：「我 32 了，媽。」

奶奶：「她家媳婦也是 32 歲生了二胎呢。但是我們情況跟人家不一樣，女人生那麼多孩子太辛苦，老得快！」

李女士：「媽説得也對。」

奶奶：「但是，人這一輩子得有一個兒子，要不將來有後悔的時候。」**（模糊不清地表達着自己的需求、慾望、感受或者觀點。）**

李女士有點搞不清楚狀況，問：「媽你的意思是⋯⋯？」

奶奶：「你知道大妮（李女士老公的妹妹，李女士的小姑）的事嗎？」**（在談話的過程中，突然生硬地轉變話題。）**

李女士：「怎麼了媽？我不知道啊。」

奶奶：「你知道她談了個對象的事吧？她現在懷孕了。」

李女士：「這⋯⋯」

奶奶：「沒結婚就懷孕了，但是現在物件又黃了！她要流產，

我不讓她流。」

李女士：「那接下來打算怎麼辦？」

這時高潮來了。

奶奶：「萬一懷的是兒子呢？是兒子就過繼給你，讓你和你老公養着！」

李女士有如遭到晴天霹靂，難以置信：「這怎麼行？！」

奶奶：「都是一家人啊，又不是別人的孩子，有甚麼不行？」

李女士氣得夠嗆：「可我這老大四歲半，老二才十個月，沒法再養一個了。」

奶奶：「可你那都是女兒啊！」

李女士：「……」

奶奶：「要不我在老家養着也行，但孩子將來上學結婚買房的錢得你跟你老公出！」**（以親情、友情、愛情等名義，覬覦他人之物。）**

李女士渾身發抖：「你兒子知道這事嗎？」

奶奶：「知道了，同意了，就你不同意。」（説謊。）

李女士：「媽我再考慮一下……」

奶奶：「我是為你好，我們家必須有一個男孩。沒有是不行的，現在沒有以後也得有！」**（變相地威脅他人。）**

掛了電話後，李女士趕緊給丈夫打電話，説了這事，丈夫説他

知道了，但是他態度很堅決，不同意！

隨後李女士又給奶奶打過去，問她為甚麼要撒謊？

奶奶立刻笑嘻嘻地説：「我從頭到尾都是在逗你的，你怎麼還當真了！」**（善變，根據不同的人或環境改變自己的觀點、行為和情感。）**

李女士：「小打小鬧就算了，這樣的玩笑開不得。」

奶奶：「老人跟你開玩笑就是開玩笑，不分大小，別當真，跟老人計較就是你的不對了啊！」**（推卸自身責任，甚至把自己的責任推到他人身上。）**

狹路相逢「麻木不仁者」勝

說完怎樣識別操縱者，最後一個問題，我們該如何反操縱，對付各種各樣的操縱者？

反操縱術，其實就是一種針對操縱者而設計的交流方式。用到的原理，簡單點說就是狹路相逢「麻木不仁者」勝！

甚麼是麻木不仁？

心理學家在調查中偶然發現，有一些人天生就對操縱免疫。因為他們對那些攻擊、批評、激將、威脅或者其他方式的病態貶低都沒有感覺，對他們來說一切都是一樣的，無所謂。

他們不是在書本中學到這些的，也不是由日積月累的經驗造成的，而是在很小的時候就這樣——他們有一套獨特的與操縱者交流

的方式。**操縱者就像一個溺水的人，只有依靠打壓別人才能生存下去，然而，他們根本無法打壓那些對他們無動於衷的人。**

要讓操縱者覺得你並沒有中了他們的詭計，這是相當重要的。不要讓他們覺得你在回答之前還需要揣摩措辭。不要憤怒，也不要挑釁，不以為意又針鋒相對是對他們最好的反駁。

最後我們舉兩個實戰例子來看看如何做到反操縱。

實戰一：

操縱者：「我將一生都奉獻給了你。」

反：「你為我犧牲了甚麼？」

操縱者：「聽聽！這還看不出來！你真是令我太失望了。我犧牲自己的時間和精力，專注在你的教育上，甚麼都給了你，不捨得吃，不捨得穿。」

反：「說實話，這不就是一個母親的職責嗎？如果你不想帶小孩，那就不要生。你為我不捨得吃穿，我謝謝你的付出。但你是個成年人，可以為自己的行為負責。如果你僅僅是為了回報而付出的話，恐怕結果難以得償所願。」

操縱者：「我只是想讓你明白我為你付出了多少。」

反：「謝謝你的付出，但請為自己而活。別把你的付出變成我的枷鎖。」

實戰二：

一個朋友（操縱者）長期以來意志消沉。她經常在很晚的時候給別人打電話，根本就不考慮別人的生活。一天，你正準備出門看場電影的時候，她在電話那頭揪着你不放。你該怎麼做？

操縱者：「話說，你看不起我，嘲笑我的處境，是不是？你準備今晚一個人悄悄去看電影。」

反：「如果是嘲笑你就不會聽你傾訴了那麼多天。我也沒看不起任何人，如果你執意這麼曲解的話，那隨你。還有，我可以按照自己的意願生活。」

操縱者：「我要跟你絕交。」

反：「嗯。」

操縱者：「如果換作我的話，我絕對不會像你這樣做。」

反：「你可以試試。」

操縱者：「我從來不會拋棄一個身處困難之中的朋友！」

反：「你今晚給我打電話，不過是拉我當聽眾，做你的垃圾桶。但是垃圾桶要去看電影了，你就說我不夠朋友，無非是要讓我產生內疚感。我確實產生內疚感了，但我覺得對不起的是我自己，因為電影馬上就要開演了。抱歉，我現在沒辦法聽你的電話。你找點其他快樂的事去做吧。」

反操縱就介紹到這兒，以上，就是操縱和反操縱的全部內容了。

第十四章
真的存在
「盜夢空間」嗎？

神奇的催眠術

　　在前面幾章的內容中，經常提到在對某些患者的治療時，用到了催眠療法。實際上，催眠這項技術，已不僅限於心理治療，它還可以被用到其他很多領域之中，比如說犯罪偵破、提高學習能力、提高運動表現等方面。

　　催眠術最大的特點就是能繞開「意識看守人」，直接進入人的無意識。有一句話說得好，所有心理問題，都是潛意識的問題。在心理疾病的治療中，最大的障礙在於，患者理性上能接受的觀念，在心理與行為上卻不肯接受。也就是說，道理都懂，就是做不到。其深層原因，就在於無意識地抵抗。由於在催眠狀態中能直接與無意識對話，許多問題就可迎刃而解。

　　在這裏，我們系統地來聊一聊催眠術的前世今生，主要來解決以下問題——

催眠師是用甚麼手段讓人進入催眠狀態？哪些人容易被催眠？

催眠有幾層深度？分別是甚麼？

進入催眠狀態後，催眠師怎樣跟患者的潛意識進行交流？又會出現甚麼狀況？

怎麼分辨催眠的真假？

舉例説明催眠術是怎樣神奇般地治癒人們的心理問題？

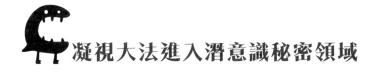

凝視大法進入潛意識秘密領域

要想進入某個人的那片連他自己都未曾去過的潛意識秘密領域，就如同哈利波特要想進入那個隱藏的魔法世界一樣，需要一定的技巧和方法。哈利波特可以穿過火車站的牆，而催眠師則可以動用他的「凝視大法」！

甚麼是凝視大法？來看一個案例。

一個催眠師，要求他的催眠物件，一個 20 歲的女孩，坐在靠窗的椅子上，明亮的光通過窗戶照射進來。催眠師讓女孩手握一個黃銅制的鈕扣，告訴她凝視這個鈕扣，盯着它別動。2 至 3 分鐘後，女孩的眼皮沉沉下垂，她徒勞地想要睜開眼睛，這時她仍聽着催眠師的告誡，緊握着扣子，並且把手放在膝蓋上。催眠師始終站在窗邊，並且牢牢盯着他的這個病人，他向前走去，邊走邊以低沉溫和的聲音説：「不要再試圖睜開眼，你做不到的。你要休息，你會變得很安靜，感到舒適，感到溫暖。不要試着講話，休息吧。」起初，女孩還試着睜眼，然後就變得安靜。催眠師抬起她的手臂，手臂落回原處，他撐開女孩的眼睛，女孩的眼睛又閉上了。此時，她已經陷入了「另一個世界」，進入催眠狀態。

　　這種進入催眠的方法，就是凝視法。讓某人直勾勾地盯着一個物體不動，再配合言語上的刺激，一段時間後，他便進入了催眠狀態。

　　除了這個為大部分催眠師所用的方法外，還有放鬆法、心象法（就是通過想像實施催眠的方法，這需要被催眠的人有很好的想像力），還有互動式催眠法等等。

　　和哈利波特穿過火車站的牆就能輕鬆到達魔法世界不一樣，事實上，沒有哪一種催眠方法適用於所有情況。有些人可能對一種催眠方法無動於衷，而對他們使用其他方法的話，他們很快就會被催眠。有的催眠師就說過，他可以通過揮舞圖案的方法催眠一個人，而採用固定的暗示，卻對這個人無效。

　　而且，在實際的催眠操作中，要注意的東西很多，比如很多細節：**要想讓一個從未被催眠過的人成功地進入催眠狀態的話，最重要的一點就是要保證他在目前的狀態下感到非常舒服，而且還得保證他長時間在這個狀態下仍然感到非常舒服。**這就得要求被催眠的人坐的椅子的類型，他與房間內燈光的關係，他的腿、腳和手的姿勢，全部都得合適！當他的頭部有支撐物時，不要讓他的頭向後傾斜。在舒適的前提下，身體要成直角。**周圍的環境也得合適，不能打擾他。**平時我們不會注意到的雜訊，會起到比平時更大的干擾作用，因此要杜絕鐘錶錶針的聲音、輕微的開關門聲、房內人的輕聲低語等，因為所有這些都可能在關鍵時刻分散被催眠者的注意力。

　　如此看來，做甚麼事都不是看上去那麼簡單容易的，催眠更是個細緻的技術活。

　　那麼，哪些人容易被催眠呢？

　　很多人認為意志薄弱的人才容易被催眠，這種看法其實是錯誤的。意志薄弱的人，無法固定自己的注意力，總是心不在焉，無法集中精神，這種人反而很難被催眠。至少「凝視大法」在他們身上就不好用，你想啊，他們盯着盯着就走神了。

　　而且，**一個人容易被催眠與否，不取決於他的意志力，而與他對催眠的感受性的強弱有關，感受性強的就容易被催眠，感受性弱的就不容易被催眠。**這就是為甚麼士兵往往容易被催眠，他們的意志力絕不薄弱，但同時，他們的服從性很強，對催眠的感受性就強，就容易被催眠。

　　跟智力低的人相比，聰明人更容易被催眠。因為聰明人好奇心強，想像力豐富。那些經常做情節生動的白日夢的，容易沉浸於眼前或想像中的場景的人，也容易被催眠。依賴性強，經常尋求他人指點的人也容易被催眠。

多層催眠「地宮」

　　催眠後的世界，並不是一片坦途，說形象點，它更像是一個多層的地宮。愈往下，代表着催眠的程度愈深。

　　而且，並非所有的催眠治療均需在非常深度的催眠狀態下進行。高明的催眠師會將被催眠者帶入最適合其治療的催眠深度，而且會根據他的不同狀態及時適當調整。

　　那麼，**催眠到底有幾層深度呢？**

　　這裏介紹一種常見的劃分方式：六層。

　　第一層：有點被催眠了，但是很輕微，當事人還不覺得自己被催眠，自認為完全清醒。但小的肌肉開始受到控制，例如上下眼皮打架這種情況，會在這一層出現。

　　第二層：更加放鬆了，大的肌肉開始可以被控制了，例如手臂僵直，心裏絮絮叨叨的念頭、跑來跑去的胡思亂想，會開始減弱。

第三層：可以完全控制所有的肌肉系統。例如：無法從椅子上站起來、無法走路、無法說出一個數字，但並不是忘了那個數字；可以局部止痛，因為痛覺部分喪失。

如果需要做催眠舞台表演，比如被催眠者整個身體像根木棍一樣僵硬不動，或者下指令說：你可以動，可是走不出這個圓圈。被催眠者果然走到圓圈時，就無法跨越過去。

那麼舞台催眠師，選擇的催眠物件至少要達到這個層次，甚至更深才可以。

另外，大部分臨床催眠治療師的工作範圍，大都在這三層以內。

第四層：開始產生記憶喪失，出現更多的催眠現象。被催眠者會真的接受指令而把數位、姓名、位址等忘掉。另外一個重點是，痛覺喪失的情況更嚴重，此時可以進行大部分的牙科治療、外科小手術。被催眠者會感覺到好像有空氣吹進傷口，但不覺得痛。

第五層：開始夢遊，出現完全麻醉現象，既不會覺得痛，也不會覺得被碰觸，即痛覺與觸覺都消失。會出現比較美好的幻覺，看見實際上不存在的人、事、物。

第六層：非常深的夢遊狀態，出現恐怖的幻覺，看不見實際上存在的人、事、物。

根據臨床經驗，大約有 20% 的人只能到達第一層、第二層的催眠深度，60% 的人可以到達第三層、第四層的催眠深度，另外 20% 的人可以到第五層、第六層的催眠深度。

催眠師的神秘「暗示」

催眠師是通過「暗示」這種方式來跟被催眠者的潛意識進行交流的。這種暗示的方式，可以為被催眠者的潛意識營造出很多信以為真的幻覺，並通過這些幻覺，來改變自潛意識的內容，從而徹底解決被催眠者意識層面的心理問題。

在催眠過程中，被催眠者閉着眼睛的時候更容易感受到各種幻覺，即使閉着眼睛，他們也能看到物體和人，就好像在夢中一樣。同時他們會認為自己的眼睛是睜開的，正如在夢中的我們以為自己的眼睛是睜開的一樣。

我們來看看催眠師具體是怎樣「暗示」被催眠者。

催眠師可以用手敲桌子的聲音，向被催眠者的潛意識表達一個訊息：加農炮正在開火。催眠師還可以爆發出吼叫聲，給被催眠者一個暗示：引擎正在發動。從這個角度來說，催眠師簡直是一名口技演員。諸如此類，**催眠師能憑一己之力，引起被催眠者其他感官通道的幻覺，比如說嗅覺幻覺、味覺幻覺和觸覺幻覺。**

催眠師可以讓被催眠者把水，甚至是墨水當作酒喝下去，把洋蔥當作蘋果吃掉，把氨水當作花露水。並且，被催眠者的表情與由暗示引起的感覺配合得非常好，即使使用真的物體恐怕也只能夠達到這種效果而已。催眠師告訴被催眠者他已經吸過鼻煙，被催眠者就會打噴嚏；告訴被催眠者他正站在冰面上，他就會立刻感到冷，會牙齒打戰趕緊裹緊自己那不存在的大衣；通過假裝在手中拿着一隻鳥，就可以暗示被催眠者真的看到一隻鳥。

暗示還可以同時影響幾個感覺器官。當催眠師告訴一個人：「這裏有一朵玫瑰。」那麼這個人不僅能看到玫瑰，還能嗅到玫瑰的味道，觸摸到玫瑰花瓣的質感；當催眠師假裝給被催眠者一杯酒，讓他喝下去，被催眠者接過這個實際上不存在的杯子，將它舉到嘴唇，在手和嘴唇間留出空間，好像那裏真的有一個玻璃杯一樣。通過這

種暗示的方法，在催眠中，被催眠者甚至還能生出很多不存在的記憶。

以上這些，便是催眠師與被催眠者潛意識的交流情況。

 ## 「聖潔」的催眠狀態

當一個人真正進入催眠狀態時，他會變得前所未有地「聖潔」，這種「聖潔」非常難以偽裝。

被催眠者剛剛進入催眠狀態時，他好像是在熙熙攘攘的車廂內昏昏欲睡，也像是因為疲憊而坐在辦公桌旁休息。但當有人跟他說話時，他就會變得精神抖擻，雖然他的眼睛還是閉着的，但是他的表情會隨着交談的內容而變化，就像是他真能看到外界的事物一樣。而且，他整個人的舉止都變得十分優雅得體，就好像觸發了一個控制點，讓被催眠者體內另一個更高層次、更加優雅和高尚的人格在我們面前甦醒了。他在用人類靈魂最瑰麗也最純潔的那一部分與你交談，注視着你。

隨着催眠的深入，在達到最高程度時，被催眠者往往會呈現出一種聖潔無瑕的表情，超過了無數偉大的藝術家所演繹的聖母馬利亞或者天使，這個表情可以當之無愧地被稱為來自天堂的表情。儘管閉着雙眼，但是被催眠者綻放出來的笑容，散發着來自天國般的聖潔炫目的光芒，甚至會讓我們下意識地聯想到自己也置身於鮮花的芬芳之中。

除了在催眠中，這種表情無他處可尋。通常來說，**被催眠者在平常狀態，與催眠狀態下簡直判若兩人，似乎是兩個不同的人格，又或者是同一人格的不同階段**，而他在催眠時所處的這個階段，是人類所能達到的最高層次的階段。

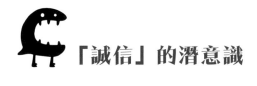

「誠信」的潛意識

最後一個問題，舉例説一下催眠術是怎樣神奇般地治癒人們的心理問題的。

這個例子，是通過催眠來治療煙癮。

催眠師用到的方法是，通過向被催眠者暗示煙草的味道令人作嘔，來讓被催眠者逐漸失去對煙草的興趣，或者暗示被催眠者煙草會緩慢地毒害他們的身體，如果被催眠者不戒煙的話，就會因吸煙而死亡。

於是，催眠師讓一位元需要戒煙的被催眠者進入催眠狀態，並來到比較深的三層催眠深度以上，最好能達到夢遊狀態。這時催眠師讓被催眠的人倒退回他早期的生活狀態，倒退回他還沒有形成煙癮的階段。這個時候，告訴他永遠不許吸煙，永遠不要做那些少年時期不應該做的事。催眠師向他暗示出煙草會給他帶來巨大的傷害，並要求他承諾永遠不會再碰煙草。

説來也挺有趣的，在平時生活中，我們可以隨意許下承諾，也無所謂兌現不兌現。但在催眠狀態下許下的承諾，卻可謂是「一言九鼎」，極少會被打破。一旦被催眠者承諾了甚麼，那麼他們就一定會遵守。看樣子，跟意識比起來，潛意識更有誠信，更是説一不二。

在很多惡習的戒除過程中，「想像力」都是一個舉足輕重的因素。有些被催眠者在突然戒除尼古丁之後，會產生劇烈的痛苦。這時，如果在催眠中暗示他們可以擺脱這個痛苦，讓他們想像出擺脱痛苦後的輕鬆感，就真的能緩解他們的痛苦。於是，催眠師要在被催眠者進入深度催眠時，拉着他的手堅定地把重要的內容説三遍：「當你清醒後，你不會再感受到疼痛和難受，你不再想吸煙，尼古丁的味道會讓你感到難以忍受。」

這種通過催眠暗示來治療煙癮的效果，通常都非常理想。

第十五章
人世風燈，
向死而生

我們如何接納生命中的遺憾與缺失

　　已故的詩人張棗，曾經有一句詩，特別動聽——「只要想起一生中後悔的事，梅花便落滿了南山。」然而在現實生活中，悔恨卻沒有這麼詩情畫意。每一個體會過，或正深陷於後悔中的人應該都清楚這種滋味，它讓人捶胸頓足、痛心疾首，更如鈍刀子割肉一般讓人生不如死，不得脫身。這一章節，我們來聊聊如何看待和接納我們人生中的悔恨，以及同悔恨一樣，人生中始終無法避免的一件事——失去。

　　要解決的問題有——

人生為甚麼不可能無悔？
怎樣才能從悔恨中解脫？
人類的悲傷是怎麼一回事？
我們又如何接納生命中的失去？

 你只能擁有不可能無悔的人生

有一句經典的電影台詞是這麼說的：「人生若無悔，那該多無趣啊。」其實在現實情況中，人生不會讓你失望的，也不會讓你無趣的，因為我們人類不可能無悔。

為甚麼呢？

這裏有一個心理學上的術語，叫作「後視偏差」。我們可以把它理解成「事後諸葛亮」。

在日常生活中，事情發生之前我們往往不會想到這件事情會發生，然而事後我們看出了導致事件發生的力量，又認為它是不可避免的。也就是說，我們往往在事情失敗後才解釋為甚麼失敗，在箭射出以後才畫出靶心。所以我們自己經常說的一句話就是：「我當時就覺得不對勁。」或者，「我一早就看出來了」。

然而，**你並沒有當時就覺得不對勁，也沒有一早就看出來，要不然事情就不會發生，你只是自以為其實一早就發覺了真相。這個就是「後視偏差」。**

比如，如果讓一些人預測一場足球比賽誰將獲勝，大家猜測 A 隊獲勝的概率很高，結果 B 隊獲勝了，事後讓大家回憶自己當初估計哪個隊獲勝，很多人認為自己當初就判斷 B 隊能獲勝。事件發生前後，人們的判斷不一致。

這種「早就知道」的後視偏差的屬性是我們人類的出廠設置，也是我們與生俱來的本能傾向性，這也就為我們日後不可避免的悔恨，奠定了宿命的基調。

那麼後視偏差又是怎樣造成人類的悔恨的呢？

有關後視偏差的實驗證明，一旦我們知道了結果，我們的思維

便再也不能恢復到以前的狀態了。就像有些人在講課或者傳授知識時，常常錯誤地假定，他們清楚的事情，別人也會清楚。「都已經講得這麼明白了，還是不懂嗎？」因為這些傳授知識的人，全然忘記了，也回不去自己不知道這個知識時的狀態，他自然體會不到那些不了解這個知識的人接受起來的難度。

這在心理學上，又叫作「知識的詛咒」，當你知道某件事後，便很難在思維中類比你不知道時的狀態。因此我們很容易責備自己的過去、愛過的人、參與過的事、下過的決心等，認為自己本應該能做得更好！我們忘記了來時的路，忘記初衷，甚至覺得之前都是錯的。這便是我們人類後悔的源泉。

 # 其實無論怎麼選，都可能是錯的！

我們怎樣才能從後悔中解脫，取決於我們如何看待後悔。

我們要知道一件事，那便是無論怎麼選，都可能是錯的！

為甚麼這麼說？打個比方——

你要去另外一座城市參加一個重要會議。你有兩個選擇：開車或者乘火車。想像一下，你最好的朋友就住在兩座城市之間，你已經有一年沒有見過他了。因此，你覺得如果自己開車的話，去找朋友聚會也容易些，還可以在他那兒住上一晚。而且這樣想，你便在很大程度上接受了油費和過路費的開銷，於是你決定開車去。

然而，兩天後，你的朋友打電話跟你說要取消見面，因為你去的那幾天，他剛好要出差到別的地方。因此，你重新開始思考你的乘車計畫，此時你認為搭乘火車會更快速、更安全、更經濟。就這樣，你又決定乘坐火車去開會。

不幸的是，火車開到一半的時候就停了。因為前方有山泥傾瀉，火車被滯留在原地 3 個多小時。已經可以確定的是，你錯過了那個重要的會議。就在這個時候，你心中有個聲音說：我太蠢了！我就不應該乘火車，我應該像我當初想的那樣選擇自己開車！

在你繼續自責前，請想想以下問題——

1. 我怎樣才能知道哪一個是正確的選擇呢？
2. 是甚麼事情讓我覺得我做出了一個糟糕的決定？
3. 這件事情是發生在我做決定之前還是之後？
4. 我是不是能預料到這件事情？
5. 我有能力預知未來嗎？或者我有能力控制他人以及外界的事情嗎？

仔細分析這幾個問題，可以幫助你有效地擺脫你的後悔和懊惱。

我們怎樣才能知道哪一個是正確的選擇呢？直到事情進行到最後一秒之前，我們都沒辦法知道甚麼才是正確的選擇。

是甚麼事情讓我們覺得我們做出了一個糟糕的決定？在剛才的例子中，你做過兩次選擇（開車或者坐火車），每一次選擇都是根據你當時掌握的資訊才做出的。

我們是不是能預料到這件事情？當然不能。我們有能力預知未來嗎？當然也不能！

所以，**你會發現，無論怎麼選擇都可能是錯的，或者從另一個層面上來說，無論怎麼選都可能是對的。因為你只能依據當前的資訊做判斷，而絕不可能依據未來的資訊做決定！**未來是未知的，我們只是做了當時當日情況下最優的選擇，我們怎麼能拿起碗吃飯，放下碗罵娘，僅僅是因為結果不盡如人意，就責備起當時已經竭盡全力做出最佳選擇的自己呢？那時的你是無辜的，你之所以改變選擇，也是因為掌握的資訊發生了變化。

而且，**人生本來就是充滿悔恨和遺憾的，這是人生的自然屬性，也是常態**。我們在了解悔恨的心理學真相之後，也要試着學會「萬悔穿心，習慣就好」。

我們又如何接納生命中的失去？

回答這個問題，我們要先了解一件事，那就是人類的悲傷。因為悲傷是我們在遭遇失去時要面對的最大的敵人。了解了人類悲傷的運作原理，也就同時明白了該如何接納我們生命中的失去。

 # 人類的悲傷是怎麼一回事？

有一句話，叫「悲傷逆流成河」。這本來是隨意地形容一下，但沒想到還真讓它給說着了！悲傷確實是一條河，更確切點說，悲傷是流動的、變化的，是一個過程。而不是我們通常以為的凝結在心中的一塊化不開的瘀血。

悲傷，這個遭遇重大創傷時產生的情緒，實際上是分為五個階段的。

悲傷的第一個階段，是「否定」。

所謂否定心態，並不是説你不知道事情已經發生，而是説比如親人去世，而你不承認。當你回到家時，仍然覺得親人隨時會走進來，或者只是暫時出差不在家。

我們看一個例子——

妻子莎莎早已習慣丈夫小馬經常出差，小馬因工作關係，常常要去世界各地。這次，小馬出差後，莎莎沒有準時接到他的報備電

話，本來莎莎沒有當回事，因為這種情況以前也不是沒有過，直到兩天後丈夫同事的一個電話，徹底顛覆了她的生活。同事在電話中艱難地道出一個消息：小馬在出差途中，出車禍喪生了。莎莎無法相信她所聽到的，掛斷電話以後立刻有一個想法：剛剛是在做夢嗎？一定是弄錯了。接下來數日，莎莎忙着辦喪事，其間仍不停地説：「這是不可能的，等屍體運回來就能確定不是他了。」葬禮前一晚，莎莎終於看到她摯愛的丈夫的遺體，她仔細端詳着他的臉，認為這只是一個很像小馬的人，直到看到丈夫手上的婚戒後，便再也沒有疑問了。

悲傷的第一個階段是幫助你不被傷痛擊倒。這個時期你會覺得世界已經沒有意義，而且讓人無法承受，生命失去了目的。你處於震驚與否定狀態，對很多事感到麻木。你懷疑自己是否還能活下去，即使可以，又為甚麼要活下去。你只是過一天算一天。「否定」這時能幫助你度過最困難的時期，調整悲傷的感覺。甚至可以説，「否定」是一種恩典，因為上天通過這個方式，讓你每次只感受到你能承受的悲傷。

第二個階段，是「憤怒」。

這個階段你會出現種種憤怒，合理的，不合理的，都有。你會因離世的親人沒有好好照顧自己而憤怒，或者你會因沒有好好照顧他而憤怒；你會為自己怎麼沒有預料到事情會發生而憤怒，或者雖然預料到，但無法阻止而憤怒；你氣醫生為甚麼無法救活對你來説這麼重要的人；氣這麼悲慘的事情，怎麼會發生在對你如此珍貴的人身上。

還是莎莎的例子，在丈夫出事前，她一直相信禱告的力量。可是丈夫出事後，她再也不想做任何禱告，因為她的禱告沒有獲得回應。她憤怒地跟朋友説：「我再也不會禱告了！與其一個人在這裏受苦，我寧可跟着我老公一起走！」

你可以盡可能地氣個不停，發洩憤怒，但是你必須記住很重要

的一點，只有當感受到足夠的安全感，直到你經得起未來的一切時，憤怒才會浮現。也就是說，**會憤怒說明你其實已經順利度過悲傷的第一階段，憤怒是你開始慢慢好轉和恢復的標誌。**

悲傷的第三個階段，是「討價還價」。

在失去親人之前，你祈求上天，只要不讓親人死去，你願意做任何事。你和上天討價還價：「求求你，老天，只要你讓我的媽媽活下去，我再也不對她發脾氣了。」而當失去親人之後，討價還價的形式變成暫時求和：「如果我將餘生用來助人，是不是醒來就會發現一切只是一場噩夢？」

對莎莎而言，丈夫去世後的相當長的一段日子裏，她每天臨睡前都在「討價還價」：「求上天讓我一覺醒來發現這是一場夢，只要讓他回來，我願意做任何事。」接下來幾分鐘，她幻想醒來時丈夫小馬就在旁邊，告訴她一切只是一場噩夢。

在「討價還價」階段裏，你迷失在「悔不當初」，或者「假設當時」的迷霧裏。你要人生回到從前，你要親人回到身邊，你要時間倒轉，讓你早一些發現問題，阻止意外的發生……如果當初如何如何該有多好。

後悔總是伴隨着討價還價而生。許多「假設」讓你不斷自責、懊悔沒有做你認為該做的事。但是看過了剛才我們講過的後悔那部分內容，應該知道，現在是後視偏差在作祟，而你，已經做了當時你能做的一切了。

討價還價這個狀態會出現，自有它的目的。**討價還價會說明你從一種失落的狀態進入另一種狀態，或是發揮中間站的作用，讓心靈有時間慢慢調適。**也許你為了逃避痛苦，寧可讓內心留下一個空洞，而討價還價有助於填補這個空洞，讓你相信，有一天可以在混亂中重建秩序。

第四個階段，是「沮喪」。

經過討價還價的階段，你的注意力會直接轉移到現實中。空虛感不請自來，你從來沒想到會陷入如此深沉的悲傷中，沮喪的階段讓人覺得彷彿沒有盡頭。但你一定要明白，沮喪並非精神疾病的症狀，而是面對巨大傷痛的正常反應，你會變得退縮，陷入濃得化不開的哀傷中，甚至懷疑是否應該獨自活下去，活下去是否還有意義。

就像處於這個階段的莎莎所言，她說：「丈夫死後，那種沮喪感讓我覺得自己像是一次又一次被人用力擊倒，根本不想爬起來。」

但是，正是這看似最悲痛最無法拯救的階段，也是心理能量正大量積蓄的時候。就像心理諮詢治療中很經典的格言說的：「當你絕望到無以復加時，正是轉機即將到來之際。沮喪固然痛苦，但最兇猛的烈火中，自然能產生巨大的能量。沮喪會讓你放慢腳步，好好反省自己失去了甚麼，又同時得到了甚麼。」

悲傷的最後一個階段，是「接受」。

我們終於接受「失去」這個事實，接受這是永遠無法改變的事實。我們也**學會如何繼續走下去，如何適應新的生活狀態**。在丈夫去世一年之後，莎莎終於一點一點地接受現實，明白自己的世界已永遠改變，她做出了很多調整，來重新整合沒有小馬的人生。

人類悲傷的這五個階段——否定、憤怒、討價還價、沮喪和接受，並非呈線性發展，你可能從一個階段進入下一個階段，然後又回到前一個階段，循環往復。這是悲傷的厲害之處，但只要你了解了它的真相，它就不會阻撓和影響你往愈來愈好的方向恢復。

我們如何接納生命中的失去，就在於我們如何蹚過這條悲傷的河。它常常來勢洶洶，始料未及，但唯一能征服它，也救贖自己的辦法，就是勇敢地跳入其中，面對它、適應它、度過它。

　　在遭遇失去時，我們不要否定自己的感覺，反而應該傾聽內心的需求，繼續往前走，繼續改變與成長。最終，我們會從另一個角度看待失去，並把親人留在記憶裏，悼念他們的離去，更加用心真誠地對待重建的人生，對待自己，對待愛。

第十六章

就算我跑得再快，
也無法擺脫
這樣的命運

如何擺脫頹喪消極，得到幸福？

現在有個流行説法，大家應該不會陌生，就是「頹喪」。

頹喪這種體驗，可能我們每個人都再熟悉不過了，我有好多朋友最近都跟我抱怨説，覺得活得特別沒動力，很絕望，很悲觀。説生活中其實也沒有惹上甚麼大事，發生甚麼滔天大禍，那為甚麼自己卻總感到焦慮，感到不快樂，甚至危機四伏？

有人聽到這裏會想，你説的這個問題，答案很簡單，我之所以會頹喪，會焦慮，不就是因為掙得太少，屋太小，或者根本就買不起樓？

這種解釋，只能算是停留在膚淺的層面上，也是很多人搞不清自己為甚麼會焦慮的原因之一。進一步説，掙錢又是為了甚麼呢？買樓又為了甚麼？

我們現代人為甚麼會頹喪，為甚麼會焦慮？其背後的心理學深層次原因到底是甚麼？

其實包括我自己在內，也經常出現這種情況。在生活中，會有莫名的恐慌感和危機感。覺得自己年齡愈大，就活得愈沉重，舉步維艱。

那麼歸根結底的原因是甚麼呢？**是你沒有「跟上節奏」。**

我們人從一出生到死亡，這是一個發展的過程。

心理學上將人的一生，劃分成了幾個階段，每個階段都有需要完成的任務。

這種「任務」，就如同飛蛾撲火，植物向陽生長一樣，是一種無法抗拒的本能。也就是說，**我們每個人降生到世間其實都是帶着使命來的，但是絕大多數人並不知道。**

你以為你可以兩手空空而來，然後甚麼也不用幹，便可以輕鬆地過完一生？不會那麼輕易放過你的。

提出這個說法的，是美國的一位著名的發展心理學家和精神分析學家，叫埃里克森。

他本人的人生經歷也是一個傳奇，他只接受了高中水準的教育，後來卻成功地擔任了哈佛大學的教授。而且，更重要的是，他的理論在學術界有相當深遠的影響。

打個比方，從你剛剛出生，到 3 歲的時候，這個階段你在嬰兒期。

那麼你要完成的任務是甚麼呢？就是吃好喝好睡好，感受到周圍人對你的關愛，獲得安全感。那麼你的任務就完成了。

接着，可能 3 歲到 6 歲是一個時期，然後在這個階段內，你也有需要完成的任務。

這兩個人生階段最容易感到「頹喪」

這裏我想着重說兩個階段，就是我們**現代人最容易「頹喪」的年齡階段**。

第一個階段是，18歲到25歲。這個階段人生的任務是甚麼呢？

是獲得親密感，避免孤獨感。渴望愛情和歸屬感的實現。

回想一下，你在這個年齡段主要都做了甚麼事？

無外乎兩大件事：談戀愛和找工作。

這個很好理解。18歲到25歲這個階段，可能我們剛畢業，正準備進入社會。有的人可能還在讀書，打算進入更高一等的學府深造。在這個時期，我們往往開始渴望得到一份愛情，找到一個稱心如意的人，體會着一種情感上的最高級的互動。

無論是談戀愛，還是找工作，繼續深造，你做的所有這些事，其終極目的，就是讓你獲得親密感，得到某個人、某個組織機構或社會的認可，獲得一種歸屬感。談戀愛和找工作是你跟社會達成一種聯繫的方式。

如果在這個時候，你沒能順利地得到愛情，情路一直很坎坷，再者，你沒有找到一份理想的工作，這工作跟你在學生時代構想的不一樣等等，那麼你就沒有完成這個階段的任務，你就會深陷於孤獨，自然也就會頹喪。

下一個階段，是25歲到50歲。這個階段人生的任務是甚麼呢？

是獲得繁殖感，避免停滯感。

為甚麼要獲得繁殖感？

人到了這個年紀，身體的各項機能開始走下坡路。即使表面上看不出來，其實你自己是心知肚明的。比如說，會慢慢開始出現白髮，會感到熬通宵再也不是信手拈來的事。你會開始懷念青春，然後，在潛意識中逐漸形成對死亡的覺知。

這個也很好理解，從理論上來說，你活得愈久，確實就離死亡愈近。

所謂「中年危機」和「遲暮感」，就出現在這個階段。

獲得繁殖感，便能讓你與衰老帶來的恐懼抗衡。

那麼我們怎麼獲得繁殖感？

這個階段，大部分人已經成家了，然後有了自己的後代。在養育後代的過程中，便將自己對衰老的恐懼，代謝掉了。但是**這裏面的繁殖感，不一定是非得有自己的孩子，如果你有一份願意為之奮鬥的事業，或者其他想追尋的事可做，也能分散和轉移你對年齡的恐慌，也可以避免停滯感。**

其實到了這個年齡階段，人生中的很多事情，已經開始塵埃落定。事業、家庭，方方面面，基本上都來到了一個平台期。這時你會領悟一件事，那便是李安導演的電影中經常貫穿始終的一條東方哲學：**人生的選擇，其實是別無選擇。**

你年少時曾夢想自己將來會成為一個怎樣的人，會做出多麼了不起的事，但現在發現，自己其實也不過如此。你可能做了很多努力，但是只能幫助你從一個小茄子長成一個大茄子，卻始終變不成一個西瓜，無法達到質變。按我們的說法是，受到了階級的桎梏。

處在人生這個階段，不進就是退，即使你還中規中矩地維持着生活，其實也相當於在退步，因為你的軀體在一天天變老，相應地，它帶來的心理上的影響，也會如期而至。**如果這時你沒有及時獲得**

繁殖感，你就沒有東西去與這些力量抗衡。

如果在這個階段，你沒能成功走進婚姻——走進婚姻也不是件易事，我們都懂得，首先得有樓，得有穩定的工作和經濟基礎。而在大城市裏買樓，本身就絕非易事，現在説比登天還難，也一點不誇張。一開始有人説，是買不了樓讓你焦慮，實際上，是買不了樓導致你沒能完成獲得繁殖感的人生任務，才讓你焦慮。如果説，這個時候，沒有樓就可以結婚，那麼樓的因素，就不再是你焦慮的核心。

再或者，沒能成功繁育下一代，婚姻不幸福，事業也沒有起色和發展，那麼你就沒有完成獲得繁殖感的任務，你將會被令人窒息的停滯感包圍。你就必然會頹喪，會焦慮，會危機四伏。

以上就是我們現代人「頹喪」和焦慮的深層次原因之一。

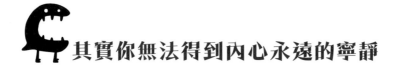 **其實你無法得到內心永遠的寧靜**

那麼，如果這些人生任務都順利完成了，有的人婚姻也幸福，事業也成功，孩子也優秀，就是別人口中的人生贏家，在這種情況下，人就不頹喪了嗎？就能得到永遠的幸福？不可能！

只能説，這種情況下會頹喪得輕一點，但**要想永遠得到內心的寧靜，就如同人類在追求永生一樣，那是不存在的！**

為甚麼呢？

這個問題我要用一種宗教的説法來解釋，因為心理學本身與宗教就有扯不開的關係。

很多人可能不知道，心理學的起源是來自哲學。也就是說，之前並沒有一個叫作心理學的學科存在，直到一件事情的發生，那就是在 1879 年的時候，德國心理學家馮特，他在德國萊比錫大學，創建了世界上第一個心理學實驗室，用物理數學的方式，將心理學量化，從此，心理學才作為一門獨立的自然科學誕生。所以可以說心理學的原型，是哲學加理學。這也正好契合了心理學這個名字的由來。

現在說回來，**為甚麼人無法達到內心永遠的寧靜？為甚麼總會焦慮？**

釋迦牟尼早在「四聖諦」中的第一諦中就開示我們了。這第一聖諦是一句大家都非常熟悉的話，叫：眾生皆苦！

身心的痛苦是苦，求而不得是苦，與討厭的人在一起是苦，與所愛的人分離是苦。

其實，這「苦」字還有更深層次的一層含義，指的是：**無休無止的慾望！**

正是因為人有無窮無盡的慾望，才有無邊無際的痛苦，人永遠無法滿足，也就永遠無法達到內心的寧靜。

有的人說了，那我可以出家，或者搞靈修甚麼的，借此摒除掉慾望，消滅慾望，這樣就可以看破紅塵了！要我說，你早都已經出家了，難道你不知道嗎？聽到這裏，很多人會嚇一跳，摸摸頭髮還在，說：「胡說，我這也沒皈依佛門呀！」

在同一個人身上，儒釋道這三樣哲學都存在，不矛盾，也不衝突。

年輕的時候，我們信儒家，因為儒家講究修身齊家治國平天下，鼓勵人入世，追求功名利祿。所以年輕時的我們要努力，要奮鬥，要拼搏，遵循的就是儒家這一套道理。

　　而到了中年，大概受了些挫折，體會了人間冷暖，感受到自己的無能為力，於是道家就來了。道家講究「無為」，讓人一切順應天命，順其自然。所以你會被開導，為自己人生的苦難找一個理由──都是命！

　　然後到了晚年，走到了最後，要超脫人生境界的時候，佛家就來了。佛家講究「無常」，人生沒有永存的事物或關係，最後都會隨着時間崩壞。但是崩壞了也沒關係，生死也無懼，為甚麼？我們接着轉世輪回了！

　　所以說，每個中國人都是在帶髮修行也不誇張。

　　那為甚麼還是不成，我們還是一樣的焦慮呢？

　　有一句話說得好：世上沒有任何祈禱的效果能勝過慾望。

　　沒有人可以摒除掉慾望，不信你就看身邊的人，高僧也好，或者靈修多年的人也好，沒人可以做到這一點。很多靈修多年的人，仍然達不到自己內心的寧靜。

　　而且，你說的那種，不是摒除慾望，是在壓抑慾望。佛洛依德有句話說得好：被壓抑之物將會重返。

　　慾望是消滅不了的。

　　就像一開頭說的，有人說是錢掙得少才會讓自己焦慮。其實無論掙多少錢，你該焦慮還是一樣會焦慮，因為你的追求是沒有止境的，也就沒有辦法得到永遠的滿足。

　　如此說來，**我們唯一能達到內心寧靜的一個方式，就是學會與慾望共處！**

　　現代人為甚麼會焦慮，為甚麼會頹喪？其背後深層次原因有兩個！

第一，你沒能完成人生中的任務，沒有跟上周圍人的節奏。第二，生而為人，逃不開慾望的糾纏。我們本身就帶有頹喪的屬性。

蜥蜴教你得到真正的幸福

那麼我們怎樣才能擺脫頹喪跟焦慮，讓自己獲得真正的幸福？

這是一個好問題，也是一個大問題。

有人說，看電視、吃美食、逛街、打遊戲，就會幸福。其實，這些都不是幸福，而是短暫的歡愉和快樂，轉瞬即逝，解決不了問題，也消除不了你的頹喪。

那怎樣才能得到真正的幸福呢？

蜥蜴會告訴你該怎麼做。

對，你沒聽錯，就是兩棲動物的那個蜥蜴。

不知道大家有沒有過養蜥蜴做寵物的經歷。

有一位心理學家養過一隻蜥蜴。這隻蜥蜴讓他最頭疼的事，就是不肯吃東西。他給牠準備了生菜、堅果、自己剁的肉餡，甚至親自抓蒼蠅和小蟲子。但是都沒用，蜥蜴就是甚麼都不吃，一天天瘦下去，眼看着馬上就要餓死了。

有一天，這位心理學家帶了一個三文治米吃，分了一些給蜥蜴，蜥蜴仍然不吃。心理學家就沒再搭理牠，坐下來看報紙。他無意間將一張報紙蓋在了三文治上，這時，令人意想不到的一幕發生了，蜥蜴看到報紙後，開始在地面匍匐前進，扭動身軀，調整進攻姿勢，一躍而上，跳到報紙上，將它撕個粉碎，然後一口把三文治吃掉。

這是心理學家養了這隻蜥蜴這麼久，牠第一次吃東西。可把他高興壞了，開心之餘，這個心理學家得出了一個結論：不捕獵，就不進食。

也就是說，蜥蜴捕食的行為，跟牠的食慾，也就是我們說的幸福感，有着緊密的關係。牠需要靠自己的努力去獲得一樣東西後，才會產生食慾。

儘管我們的大腦和生活習性跟蜥蜴比起來要複雜得多，但這裏也有異曲同工之處，就是我們的幸福感其實也跟我們的行為密切相關。

所以，**怎樣才能讓自己得到真正的幸福？就是「沒事找事」！**

有人會說，你還嫌我不夠頹喪，還沒事找事，這是打算讓我放棄治療了嗎？

沒事找事，是指要給自己設定一件有挑戰的，需要付出巨大努力才能完成的事。

比如要考一個非常有難度的證書，要完成一項需要投入你全部心血的事業、專案，或者在別的不熟悉的領域有全新的嘗試。

為甚麼說這會讓你幸福？

第一，當你為一件事情全情投入時，你肯定會忙。忙是治療一切神經病的良藥。忙到沒時間難過，沒時間矯情。

第二，為所忙的事殫精竭慮時，會跳出來看過去的生活，會覺得原來過去的生活其實也挺好的，你之所以痛苦，是因為沒有經歷更痛苦的事。

第三，付出巨大努力的結局會有兩個結果，第一是失敗。有人要說，那失敗了我還能幸福嗎？相信我，失敗後你會收穫很多。為

甚麼這麼説？中國人講究一件事，禍福相依。其實這世上並沒有絕對的失敗，對某件事情而言的失敗，有可能是在為下一件事情做鋪墊。只是説你短時間內還看不清楚而已。

而且馬斯洛説得好……

誰是馬斯洛？

就是提出**「需求層次理論」**的，那個在心理學界地位跟佛洛依德可媲美的馬斯洛。需求層次理論，是説將人類需求像階梯一樣從低到高，按層次分為五種：

最底下是生理需求，再上一層是安全需求、社交需求、尊重需求，最後，最上面的是自我實現需求。

人只有當基礎需求滿足了，比如吃喝拉撒睡，才能有往更高一層次追求的想法，就是我們説的「有了飽暖才思淫欲」。**但是這個順序也不是絕對的，有的時候，當基礎需求沒有滿足時，也可以直接追求最高級的需要**，比如説甚麼呢？殉道者！還有在西藏的路上，大家經常看到的做「等身長跪」的修行者。這些都是跳過基礎需求，直接追求最高層次需求的人。

那麼需求層次理論在我們生活中有甚麼體現呢？

在一個國家中，多數人的需求層次的結構，是體現了這個國家的發展水準的。在發展中國家，生理需求和安全需求佔主導的人數比例較大，也就是説，這些最基礎的需求，對我們來説，佔的比重比較大。

這個很好理解，有句話説得好，現階段中國的市場經濟是「得人民群眾者，得天下」。因為我們大多數人目前所在的需求層面就是這樣的，還停留在需求金字塔底層階段。

而在發達國家，則剛好相反，自我實現等高級需求的人數比例較大。

　　所以有時候，你看到一些外國人的做法很不理解，比如追求一些危及生命的極限運動，或者拋家捨業的，捐出全部家產，到異地做援助和支教。你在想，他們是不是沒事找事幹啊？

　　然而現實情況是，他們就是沒事找事幹的！這就是在滿足了對基礎需求的追求後，追求更高層次需求的表現。

　　現在說回來，馬斯洛關於失敗說了甚麼？他說：「人類一生中最重要的學習經驗和成長經驗，來自甚麼呢？來自悲劇、死亡和其他創傷經歷，因為它們能讓人以全新的眼光來看待生活。」可以說，有的時候，失敗可以帶領你進入一個全新的世界。

　　那麼如果你努力的結果是成功了，你將會真的幸福，因為這種付出巨大努力得來的成功，是那些短暫的快樂無法相提並論的。它是種深層次的滿足，可能會伴隨你一生。而且因為這種成功，你的人生也會發生質變。

如何獲得「捕獵」的勇氣？

　　有的人看到這裏，說，我明白了，幸福感絕不是乾坐着就能獲得，是要像蜥蜴一樣去捕食、去狩獵，才能體會到。

　　可關鍵問題是，我不敢呀。我要是敢，我現在不早就去做了？其實我想做的有很多。

　　那麼下面就給你安排一下，給你打打氣，給你去捕獵的勇氣。

　　這裏要給出一個心理學名詞，叫雙重自我。

　　有人一聽，覺得有點耳熟，雙重自我？是說多重人格嗎，還是精神分裂？

正好，在這裏，我們就對這三樣特別像的東西，做一個區分。

首先説一下，到底甚麼是雙重自我？

雙重自我是指在某種環境下，自我分化成兩個運行的整體，一個是你，一個是你未知的替身。而這種轉換，是在潛意識中完成的。

那麼，怎樣區分精神分裂、多重人格和雙重自我呢？

我們可以用肉體和靈魂來打比方——

精神分裂：一個肉體，一個靈魂。（靈魂支離破碎。）
多重人格：一個肉體，好多個靈魂。（靈魂完整。）
雙重自我：一個肉體，一個靈魂。（靈魂完整。）

具體來説——

精神分裂雖然只有一個靈魂，但這個靈魂本身是支離破碎、殘缺、紊亂和痛苦的。

很多人認為，精神分裂者，就是我們説的「瘋子」，他們其實是有自己獨特的精彩的內心世界的。

其實，這只能説是藝術作用對他們的加工，在現實生活中，如果你去過精神病院，就會知道，**真實的精神分裂症患者，本身是沒有任何思考和認知的邏輯的，在他們的靈魂世界中，一切都是混亂和失控的。**

多重人格就是一個肉體有很多個靈魂，每個靈魂都是正常的。這每個靈魂可以説是完全代表了不同的人，甚至是動物。然後這些靈魂一直在這個肉體中搶奪主導權。

所以，你可以看到一個多重人格者，前一分鐘還表現的是溫柔的女人，下一秒就可能變成一個摳腳大漢，甚至是一條狗。多重人

格轉換體現在母語的系統會發生改變，甚至字跡和優勢手都會發生改變。

最後説下雙重自我跟前兩者的最本質的區別，它不是病態的。一個肉體只標配一個靈魂，而且靈魂還是正常的。而**所謂的「雙重」，是説，相當於把靈魂看成一枚硬幣，有兩面之分，有時我們是正面，有時是反面，有時是好，有時是壞。但這並不影響它本身還只是一枚硬幣，而我們也只是一個靈魂。**

正是有「雙重自我」這樣一個東西的存在，才能夠讓人在精神正常的情況下，也會判若兩人！

舉個例子，我們中國有一句古話，叫作「時窮節乃見」，取自南宋末期的政治家、文學家文天祥的《正氣歌》。這句話是説，在危難的關頭，一個人的節操才能顯現出來。

這裏的「節」，或者「節操」，其實就是「雙重自我」中的那一個隱藏的，不到萬不得已不會現身的，又無比真實強大的自我。

就拿我們身邊的事來説，有人曾做過一項調查：「人們對在公眾場合演講感到恐懼」排在第一位，甚至超過對死亡的恐懼，大多人乾脆直接逃避在公眾場合上的演講，從來不去考慮這種情況。而在「逃無可逃」，必須得上台演講的時候，該怎麼辦呢？

事實證明，在公開演講前，害怕到渾身冰冷，直冒冷汗，腸胃絞痛，甚至期望能從哪裏發射過來一枚導彈將演講台炸掉的人，當他們真正上台演講時，基本上都能發揮得非常不錯，事後自己也比較滿意。

這其實就是「雙重自我」的作用。它讓你一上台後，你就不是「你」了。「替身自我」在緊急關頭挺身而出，代替了你。它有着你意想不到的「演講」潛能，幫你順利完成在你看來異常艱巨的任務。「替身自我」：「看你緊張成那個樣子，該不會挺不住而抽過

去吧，還是讓我來吧！」

有一種有趣的説法，「替身自我」相當於一個人的影子，或者説是鏡像，如果一個人失去了「替身自我」，也就意味着死亡，因為鬼，都是沒有影子的。

再打個比方，你有一個男上司特別難相處，特別嚴厲，甚至吹毛求疵，不通情達理，性格也很極端。給你的感覺是，如果哪個女人嫁給他，還真是受苦受難。但實際情況恰恰相反，他的愛人過得很幸福，因為他愛人眼中的他儒雅、寬厚、溫存，讓你甚至懷疑不是同一個人。

這就是他的「雙重自我」，在不一樣的場合表現出不一樣的自己。尤其是當環境很極端，而他又必須選擇留在其中的時候，那麼他只有選擇轉換角色才能做到。在工作中，他需要嚴厲、苛責、公事公辦的一面；而在生活中，他需要另一面——做一個溫情的丈夫。

還有，我們身邊的「平民英雄」，那些在關鍵時刻奮不顧身、捨己救人的人。也許就在幾天前看到這樣的新聞，他們還會感到不解，覺得換成自己絕不會那樣做，因為膽小，顧慮重重。但是，真正到了關鍵時刻，這些「平民英雄」卻毫不猶豫，果斷出手，因為在他們體內，藏着一個連他們自己都沒有意識到的「高尚人格」——那個無所畏懼，勇往直前的「替身自我」！

雙重自我，就是這樣，在某種特定情況下，調動出你的「替身自我」，而這個「替身自我」，是你意想不到的另外一面。

如此説來，如果生活中遇到不錯的機會，即使自己覺得沒有足夠把握，也不妨大膽放手一試！別忘了，你可不是一個人在戰鬥。

當情況危急的時候，「替身自我」會被召喚出世，它的潛能是巨大的，會比你想像中要厲害得多。它會替你披荊斬棘，所向披靡，完成那些你不敢做的，或者以為做不好的事！

重口味心理學
我們內心的小怪獸

作者
姚堯

責任編輯
Jamie Chow

美術設計
吳廣德

排版
辛紅梅

出版者
萬里機構出版有限公司
香港鰂魚涌英皇道1065號東達中心1305室
電話：2564 7511
傳真：2565 5539
電郵：info@wanlibk.com
網址：http://www.wanlibk.com
　　　http://www.facebook.com/wanlibk

發行者
香港聯合書刊物流有限公司
香港新界大埔汀麗路36號
中華商務印刷大廈3字樓
電話：（852）2150 2100
傳真：（852）2407 3062
電郵：info@suplogistics.com.hk

承印者
美雅印刷製本有限公司

出版日期
二零一九年十一月第一次印刷

原書名:重口味心理學：我們內心的小怪獸（姚堯著）
本書由中南博集天卷文化傳媒有限公司授權出版、發行中文繁體字版版權。
All Rights Reserved